Ione Buyst

PREPARANDO ADVENTO E NATAL

Dados Internacionais de Catalogação na Publicação (CIP)
(Câmara Brasileira do Livro, SP, Brasil)

Buyst, Ione
    Preparando Advento e Natal / Ione Buyst. – 3. ed. – São Paulo :
Paulinas, 2012. – (Coleção celebrar)

    Bibliografia.
    ISBN 978-85-356-0906-6

    1. Advento   2. Ano litúrgico   3. Celebrações litúrgicas   4. Natal
I. Título.   II. Série.

12-15062   CDD-252.61

Índice para catálogo sistemático:
1. Natal : Celebrações : Cristianismo   252.61

3ª edição – 2012

Nenhuma parte desta obra poderá ser reproduzida ou transmitida
por qualquer forma e/ou quaisquer meios (eletrônico ou mecânico,
incluindo fotocópia e gravação) ou arquivada em qualquer sistema ou
banco de dados sem permissão escrita da Editora. Direitos reservados.

Paulinas

Rua Dona Inácia Uchoa, 62
04110-020 – São Paulo – SP (Brasil)
Tel.: (11) 2125-3500
http://www.paulinas.org.br – editora@paulinas.com.br
Telemarketing e SAC: 0800-7010081

© Pia Sociedade Filhas de São Paulo – São Paulo, 2002

SUMÁRIO

Prefácio 5
Sobre a edição de 2002, revista e atualizada 7
Siglas usadas 8
Introdução 9
Sugestões para a reunião da equipe 10

1ª PARTE – O TEMPO DO ADVENTO
"VEM, SENHOR JESUS!"

1. O Advento dentro do Ano Litúrgico 13
2. Advento: o rei vem para tomar posse e assumir o governo 19
3. Advento: a experiência de uma gravidez 27
4. Como celebrar o Advento 33
   a) Características das celebrações do Advento 33
   b) Domingos do Advento: missa e celebração da Palavra 36
   c) Missas durante a semana e Ofício Divino (Liturgia das Horas) 38
   d) Novena do Natal 39
   e) Oração pessoal, oração em família 45
   f) Celebrações penitenciais 47

2ª PARTE – O TEMPO DO NATAL
"HOJE NASCEU PARA VOCÊS UM SALVADOR"

5. O Natal dentro do Ano Litúrgico 53
6. "Tu és meu filho amado; Eu, hoje, te gerei" 59
7. Como celebrar o Natal 65
   a) Uma vigília antes da meia-noite 65
   b) Missa do Natal e celebração da Palavra 67
   c) Ofício Divino (Liturgia das Horas) 70
   d) Alguns lembretes e sugestões para o tempo do Natal 71
8. Como celebrar as outras festas do tempo do Natal 73
   a) Festa da Sagrada Família: Jesus, Maria, José 73
   b) Solenidade da Santa Mãe de Deus: Maria 74
   c) Epifania do Senhor 75
   d) Batismo do Senhor 76
Finalizando... 79

Coleção Celebrar

- *A missa*: memória de Jesus no coração da vida – Ione Buyst
- *Celebração do Domingo ao redor da Palavra de Deus* – Ione Buyst
- *Celebrar com símbolos* – Ione Buyst
- *Equipe de liturgia* – Ione Buyst
- *O segredo dos ritos*: ritualidade e sacramentalidade da liturgia cristã – Ione Buyst
- *Preparando a Páscoa*: Quaresma, Tríduo Pascal, Tempo Pascal – Ione Buyst
- *Preparando Advento e Natal* – Ione Buyst
- *Símbolos cristãos*: os sacramentos como gestos humanos – Michel Scouarnec
- *Símbolos na liturgia* – Ione Buyst
- *Sinais, palavras e gestos na liturgia* – Balthasar Fischer

PREFÁCIO

Há pouco tempo Ione Buyst deu à causa da pastoral litúrgica um precioso subsídio com seu pequeno livro sobre as Equipes de Liturgia, que deveria se encontrar nas mãos de todos os párocos como orientação de trabalho.

Agora, com o volume *Preparando Advento e Natal*, ela inicia uma introdução ao Ano Litúrgico.

Todos sabemos como o Ano Litúrgico tem pouca participação do povo fiel, e como, muitas vezes, é mal celebrado pelos responsáveis pelo culto. Qual é mesmo a noção de Ano Litúrgico que se tem em geral? Daí a grande utilidade deste novo volume da coleção "Celebrar".

O mistério pascal é o mistério da salvação, realmente presente em cada missa que se celebra, e todo ele presente, como que se decompõe em seus diversos elementos no decurso das celebrações de um ano. A Igreja, que possui cada dia a plenitude desse mistério, desdobra seu conteúdo, valorizando-o e o tornando mais assimilável por nossa fraqueza.

Natal, Páscoa, Pentecostes, tempo comum, festas de Maria e dos santos são etapas da história da salvação que nos são descritas pela Sagrada Escritura e pela história da Igreja, e que são celebradas no mistério eucarístico por meio do Ano Litúrgico.

Diz muito bem Ione Buyst, logo no primeiro capítulo da primeira parte, que o Ano Litúrgico é "sem fim", e que, "se olharmos para o sentido do Advento, ele é tanto 'fim', como 'começo'". Um Ano Litúrgico se destaca do anterior e desemboca no seguinte continuando a espiral da celebração da eternidade no tempo, até o Dia do Senhor e de sua Vinda Gloriosa. Aí não haverá mais nem Eucaristia nem Ano Litúrgico.

A Liturgia celebra primariamente o mistério pascal de Cristo, enquanto recapitula em si a vida dos seres humanos. Sua missão é unir o transcendente e o imanente, de modo orgânico e vital.

Mas logo depois de um esclarecimento sobre o Ano Litúrgico, o livro entra na prática, que é seu objetivo, e ensina a celebrar o Advento, o Natal e as demais festas do tempo do Natal, até a festa do Batismo do Senhor.

Possa esta obra ajudar nossas comunidades a melhor celebrar o Ano Litúrgico!

Nova Friburgo, Festa de Nossa Senhora Aparecida,
12 de outubro de 1985

† *Clemente José Carlos Isnard*, osb
Bispo de Nova Friburgo

SOBRE A EDIÇÃO DE 2002, REVISTA E ATUALIZADA

Advento e Natal são tempos preciosos na vivência de nossa fé. Em meio a tantas dificuldades em se criar uma sociedade fraterna, nós nos apegamos à promessa do Senhor e continuamos aguardando, desejando e preparando a vinda do Reino de Deus. Aguardando a luz que brilha no Natal, cantamos esperançosos: "Como o sol nasce da aurora, de Maria nascerá aquele que a terra seca em jardim converterá..." (HIN1, p. 15). Anunciamos solenemente, na vigília do Natal: "Hoje uma luz brilhou para nós; hoje nasceu-nos o Cristo-Senhor..." (HIN1, p. 26).

Este pequeno subsídio, agora publicado pela Paulinas editora, pretende continuar dando sua contribuição na preparação das celebrações deste tempo litúrgico. Em relação às edições anteriores, foram feitas correções e revisões na linguagem e foram incorporados quadros com as leituras bíblicas, indicação de cantos, referências a documentos e subsídios mais recentes (*Hinário Litúrgico*, *Dia do Senhor*, *Ofício Divino das Comunidades*, *Cantos de Taizé*...). Vários itens do Capítulo 4, 1ª Parte — Como celebrar o Advento — foram reformulados, principalmente em função da referência ao Ofício Divino e à novena do Natal.

Ione Buyst, julho de 2002

SIGLAS USADAS

DL: Diretório Litúrgico. É editado todo ano pela CNBB (Conferência Nacional dos Bispos do Brasil) e dá as indicações sobre as festas a serem celebradas, os textos a serem usados, as cores litúrgicas etc.

DS1: GUIMARÃES, Marcelo & CARPANEDO, Penha. *Dia do Senhor* – Vol. 1: Guia para as celebrações das comunidades. Ciclo do Natal ABC, São Paulo, Paulinas/Apostolado Litúrgico (Col. Liturgia no caminho), 2002.

HIN1: CNBB. *Hinário Litúrgico*. Fascículo 1, Advento, Natal, Ordinário da Missa. 3. ed. ampl. São Paulo, Paulus, 1994.

HIN3: CNBB. *Hinário Litúrgico*. Fascículo 3, Domingos do Tempo Comum, Anos ABC, São Paulo, Paulus, 1994.

IGMR: Instrução Geral sobre o Missal Romano (encontra-se no início do Missal).

NALC: Normas do Ano Litúrgico e Calendário Romano Geral (encontra-se após a Introdução, no Missal Romano).

ODC: VV.AA. *Ofício Divino das Comunidades*. 12. ed. São Paulo, Paulus, 2002. Acompanham fitas cassete disponíveis nas lojas do Apostolado Litúrgico. Para as partituras: *Ofício Divino das Comunidades*. I, Salmos e Cânticos Bíblicos. São Paulo, Paulus, 2001. Também: *Ofício Divino das Comunidades*. Suplemento 1 — Refrões meditativos. São Paulo, Apostolado Litúrgico, 1999.

SC: Constituição Conciliar *Sacrosanctum Concilium*, sobre a Sagrada Liturgia. São Paulo, Paulinas, 2002. — Vejam também: CNBB. *A Sagrada Liturgia*. Edição didática popular comemorativa dos 40 anos do primeiro documento do Concílio Vaticano II, 04.12.1963 – 04.12.2003. Brasília, 2002).

TAIZÉ: CANTOS DE TAIZÉ. São Paulo, Loyola, s.d.

INTRODUÇÃO

Natal. A festa mais querida do ano. A mais esperada. Parentes se encontram. A família se reúne. Quem pode viaja para se encontrar com os seus que estão longe. Faz-se uma comida melhor. Trocam-se presentes. Entregam-se cestas de Natal. Distribui-se comida para quem não tem. *Natal.* A festa mais explorada também. Enxurradas de propagandas comerciais inundam a cidade, o rádio, a televisão... É preciso comprar presente. É preciso comprar brinquedo para as crianças. Quanto mais caro, melhor. É preciso comprar, gastar. E quem não tem dinheiro, nem mesmo para comprar leite para as crianças, como faz?! Sente-se envergonhado(a), culpado(a)... O que os filhos vão pensar? Então, compra presentes a prestação, fazendo dívidas que não pode pagar. A propaganda brinca com os sentimentos dos pais, com os sentimentos dos filhos... Os ricos compram tudo adiantado antes de os preços subirem: presentes, uísque, vinhos estrangeiros, peru, castanha...

Natal. Mas o que é mesmo Natal? O verdadeiro motivo da festa foi quase esquecido. Natal: festa do nascimento de Nosso Senhor Jesus Cristo. O Filho de Deus se faz um de nós. Deus entra na história humana para fazer dela uma história de salvação, de vida, de paz, de justiça, de fraternidade.

Principalmente as comunidades de base estão redescobrindo o sentido profundo do Natal. Experimentam a presença de Deus escondido dentro da simplicidade e da pobreza de suas vidas e da vida do bairro.

Também a novena do Natal tem ajudado a reunir as pessoas; faz com que reconheçam o mistério do Natal de Jesus dentro de nossa história atual; faz com que se disponham a fazer parte da história do Natal hoje, como outras "Marias", "Josés", "pastores", "magos do Oriente". A Novena tem ajudado a valorizar o tempo do Advento: identificamo-nos com Isaías, com João Batista e, principalmente, com Maria, grávida: com alegre expectativa preparamos e aguardamos a vinda do Filho. Ele vem para assumir o

Reino, para assumir o governo de nossas vidas. Gente que vivia longe de Deus ou que tinha dele uma idéia um tanto folclórica descobre sua presença e seu verdadeiro rosto nas comunidades, entre os pobres, os trabalhadores do campo e da cidade, desempregados, na população que vive nas ruas das grandes cidades... Os magos modernos — estudiosos, técnicos e profissionais liberais, empresários sensíveis ao social — procuram o caminho da periferia, do campo, das ONG's e de outras organizações sociais e se juntam aos pobres, aos "pastores", para adorar o "Menino-Deus".

Como será o Advento e o Natal em sua comunidade ou paróquia este ano? O que a equipe de liturgia pretende fazer para que esses dois tempos litúrgicos possam se tornar momentos significativos de amadurecimento na fé, de crescimento de nossa esperança, de maior compromisso com o Reino de Deus, de fermento na construção de uma sociedade em que a pessoa seja valorizada? É preciso pensar e preparar com antecedência. É preciso conversar e ouvir os vários grupos: que sugestões eles têm para o Advento e para o Natal? É preciso organizar bem e repartir funções e responsabilidades. Quanto mais pessoas envolvidas, melhor. Igreja é experiência comunitária, fraterna. Não é empresa! (Não deve ser!)

Este livro pretende dar uma ajuda às equipes nesta sua importante tarefa. Procura aprofundar o sentido do Advento e do Natal, hoje. Procura dar pistas para a prática em paróquias e comunidades.

Sugestões para a reunião da equipe

Antes de vocês começarem a preparar o Advento e o Natal, procurem ouvir as pessoas da paróquia ou comunidade, pelo menos alguns grupos representativos. Para tal, poderiam usar as perguntas seguintes, ou outras semelhantes:

1) Vocês têm esperança? O que esperam da vida?

2) O Natal é importante para vocês? Por quê? O que esperam do Natal deste ano?

3) Como vocês gostariam que a nossa paróquia ou comunidade preparasse e celebrasse o Natal? O que fazer durante o Advento?

1ª Parte

O TEMPO DO ADVENTO:

"VEM, SENHOR JESUS!"

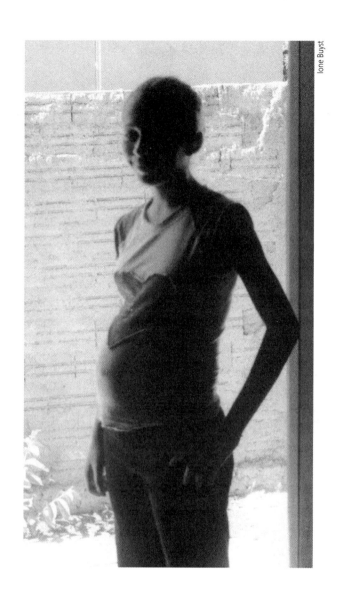

"Ela dará à luz um filho e lhe dará o nome de 'Emanuel', Deus-conosco" (Is 7,14)

1

O ADVENTO DENTRO DO ANO LITÚRGICO

Sem começo nem fim

Costumamos dizer que o Ano Litúrgico começa no 1º domingo do Advento, assim como o ano civil começa em 1º de janeiro. Mas, na verdade, o Ano Litúrgico não tem começo nem fim. Todo ano comemoram-se duas grandes festas: Páscoa e Natal. A Páscoa é mais importante que o Natal. É a maior festa cristã, porque celebra a ressurreição de Jesus. Ambas as festas são precedidas por um tempo de preparação (Quaresma e Advento, respectivamente) e se prolongam em outros domingos e festas (Para a Páscoa, tempo pascal e Pentecostes; para o Natal, tempo do Natal e Epifania). Entre esses dois tempos há 34 (dependendo do ano, 33) "domingos e semanas do tempo comum", às ve-

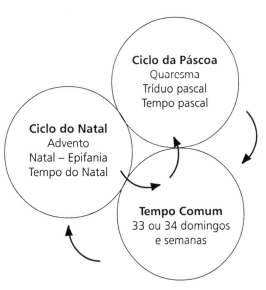

zes substituídos por alguma festa importante: festa de são João, de são Pedro e são Paulo, da Assunção de Maria, de Todos os Santos, de Finados etc.

Se olharmos para o sentido do Advento, ele é tanto "fim" quanto "começo". Nas primeiras semanas, aponta mais para o "fim dos tempos", mas, principalmente a partir do dia 17 de dezembro, passa a apontar para o "começo": o nascimento de Jesus. Faz-nos viver a expectativa e a preparação da vinda de Jesus no fim dos tempos, na glória de seu Reino, lembrando sua entrada na história e na caminhada de seu povo, com seu nascimento em Belém de Judá.

A história: uma longa caminhada

Nós, cristãos, consideramos a vida e a história uma grande caminhada, que só terminará quando nos encontrarmos todos na casa do Pai, na Cidade de Deus, na "Nova Jerusalém", no Reino definitivo, como Deus prometeu. Por isso, é perigoso representar o Ano Litúrgico com um círculo; daria a impressão de que estamos presos no tempo: todo ano tudo recomeçaria da estaca zero e jamais poderíamos esperar grandes mudanças. Muita gente reforça este pensamento dizendo: "Sempre foi assim! Sempre será assim! Pobre sempre será pobre!" Mas tanto a ressurreição de Jesus como o seu nascimento nos ensinam exatamente o contrário: a força e a presença de Deus no meio da humanidade nos dão a possibilidade de mudar a história, de lutar para melhorar a situação, de transformá-la em história de salvação, de vida para todos... Nenhum poder deste mundo, nenhum governo, nenhum grupo poderoso é eterno, por mais que se apresente assim: todos poderão ser desbancados pelo poder do Reino de Deus que está crescendo no meio de nós.

Deus caminha conosco

A celebração do Ano Litúrgico é uma forma de a gente lembrar, ao longo da caminhada, a presença dinâmica de Deus em meio a seu povo. E, lembrando, unimo-nos e nos comprometemos com ele. Celebrando a Páscoa de Jesus, fazemos hoje, nele, a nossa Páscoa. Celebrando o Natal de

Jesus, fazemos hoje, nele, o nosso Natal. Celebrando o Advento e a Epifania de Jesus, ele se manifesta a nós e nos faz caminhar mais depressa em direção ao Reino. Foi por isso que o papa Paulo VI disse que a celebração do Ano Litúrgico não é só recordação de um fato passado, mas "goza de força sacramental e especial eficácia para alimentar a vida cristã".[1]

O Advento tem uma história

Desde quando existe o tempo litúrgico do Advento? Onde começou? Vários livros antigos nos informam que entre os séculos IV e VII, em vários lugares do mundo, havia uma preparação para a festa do Natal. Primeiro, na Gália (atual França) e na Espanha, como tempo de jejum, provavelmente por causa da preparação ao batismo na festa da Epifania. Mais tarde também em Roma, mais diretamente ligado à festa do Natal. A partir do século VI, é acrescentado, principalmente na Itália, o aspecto escatológico do Advento: a preparação para a segunda vinda de Cristo no fim dos tempos.

Nem sempre o Advento teve quatro semanas: houve épocas e lugares em que o Advento durava três, cinco ou seis semanas...

O Advento nos livros litúrgicos

Dissemos que o Ano Litúrgico não tem começo nem fim, propriamente ditos. Na prática, porém, os livros litúrgicos (o Missal, o Lecionário, a Liturgia das Horas...) iniciam com o Advento. Quando começa e termina o Advento? "Começa com a oração da tarde na véspera do domingo que cai no dia 30 de novembro ou no domingo que lhe fica mais próximo, terminando antes da oração da tarde na véspera do Natal do Senhor."[2] São quatro os domingos do Advento. Os dias da semana são chamados "férias do Advento" (Não há nenhuma relação com férias escolares, mas sim com

---

[1] Carta Apostólica aprovando as NALC. O texto encontra-se nas páginas introdutórias do Missal Romano.

[2] NALC, n. 39.

segunda-feira, terça-feira etc.). Até o dia 16 de dezembro, há orações e cantos próprios para a missa de cada dia, os mesmos se repetindo a cada semana. A partir do dia 17, cada dia tem sua missa própria.

Há dois tipos de prefácios para o tempo do Advento. O primeiro, a ser usado até 16 de novembro, fala das duas vindas de Jesus: "Revestido de nossa fragilidade, ele veio a primeira vez para realizar seu eterno plano de amor e abrir-nos o caminho da salvação. Revestido de sua glória, ele virá uma segunda vez, para conceder-nos em plenitude os bens outrora prometidos e que hoje vigilantes esperamos". O segundo, a ser usado de 17 a 24 de dezembro, já nos coloca mais diretamente em clima de Natal: "Predito por todos os profetas, esperado com amor de mãe pela Virgem Maria, Jesus foi anunciado e mostrado presente no mundo por João Batista. O próprio Senhor nos dá a alegria de entrarmos agora no mistério do seu Natal, para que sua chegada nos encontre vigilantes na oração e celebrando os seus louvores".

Ainda os livros litúrgicos: as leituras no Advento

Concentremo-nos agora no Lecionário dominical. No ano A, o evangelho de Mateus mostra o cumprimento das promessas messiânicas anunciadas pelo profeta Isaías. No ano B, as leituras nos alertam para ficarmos prontos para o encontro com Deus que se aproxima; ambos fazem um convite à conversão, à alegria e à esperança.

No ano C, as leituras mostram como a vinda de Deus renova a "história da humanidade". Deus quis precisar do "sim" de Maria e de todos nós para realizar esta renovação; precisa de nossa conversão também; por isso, o evangelho nos faz ouvir as sugestões bem práticas de João Batista.

No 1º domingo dos três anos, prevalecem as imagens do "fim do mundo"; não como ameaça, mas como alerta para que ninguém seja tomado de surpresa.

No 2º e 3º domingos, os dois personagens que mais se destacam são o profeta Isaías e João Batista: anunciam a salvação que está próxima e que virá com absoluta certeza. Por isso, alegria e conversão se misturam na preparação da vinda do Salvador.

No 4º domingo, a personagem principal é Maria. Ela está pronta para dar à luz o Salvador tão esperado.

Tempo de conversão e alegre expectativa

Embora o Advento insista em nossa conversão, não tem aquele acentuado caráter penitencial da Quaresma. A conversão consiste em prepararmos, alegres e ligeiros, cheios de esperança, o caminho do Senhor que vem. O DL indica a cor roxa, o silêncio dos instrumentos musicais quando não acompanham o canto, a supressão do Glória, a ausência de flores... No 3º domingo do Advento usa-se tradicionalmente o cor-de-rosa no lugar do roxo, porque antigamente era um momento de pausa no jejum que se fazia rigorosamente em preparação à festa do Natal. Como tempo de preparação, é importante que o Advento tenha um tom mais discreto, mais recolhido, para que a alegria seja maior na festa do Natal.

Para a reunião da equipe

1) Como tem sido a vivência e a celebração do Advento nos anos anteriores?

2) Que avaliação dela fizemos: o que foi bom? O que pode melhorar?

2

ADVENTO: O REI VEM PARA TOMAR POSSE E ASSUMIR O GOVERNO[1]

Que é Advento?

Que significa a palavra "advento"? É a tradução do latim *adventus*. Antes de ser usada no cristianismo, significava duas coisas:

a) acreditava-se que a divindade vinha a seu templo uma vez por ano, num dia fixo, para visitar seus fiéis durante o culto e trazer-lhes salvação. Este dia era chamado *adventus*, "o dia da vinda". Muitos templos só abriam suas portas naquele dia.

b) também a primeira visita oficial de uma pessoa importante, principalmente para tomar posse e assumir o governo ou algum outro cargo importante, era chamada de *adventus* ou, em grego, *parousía*, "parusia", ou *epipháneia*, "epifania" (manifestação).

---

[1] Para um estudo bíblico aprofundado do tema, vejam os verbetes "visita" e "dia do Senhor" no *Vocabulário de teologia bíblica* de Xavier Léon-Dufour e outros. 7. ed. (Vozes, Petrópolis, 2002) e os verbetes "epifania" e "parusia" no *Dicionário enciclopédico da Bíblia,* 5. ed. (Vozes, Petrópolis, 1992).

O dia da visita de Deus

De que modo devemos entender "advento" em sentido cristão? O Antigo Testamento fala inúmeras vezes das visitas ou vindas de Deus a seu povo para realizar suas promessas (cf. Gn 50,24s; Jr 29,10; Zc 10,3 etc.) ou para castigar a infidelidade de seu povo e, assim, ainda assegurar a sua salvação (cf. Am 3,2; Os 4,9; Is 10,3 etc.). Este dia da visita é também chamado "Dia do Senhor". Principalmente após o exílio, aguardava-se uma visita espetacular, uma intervenção definitiva do Senhor para salvar seu povo e submeter todas as nações, no "fim dos tempos", estabelecendo assim o Reino definitivo de Deus (cf. Sb 3,7; Eclo 2,14 etc.).

Jesus veio

O Novo Testamento diz que Deus realizou esta visita na pessoa de Jesus de Nazaré. Vejamos, por exemplo, o que diz Simeão, quando vê o menino Jesus sendo apresentado no templo: "Meus olhos já viram a salvação, que preparaste diante de todos os povos" (Lc 2,30-31). Os discípulos de Jesus tinham certeza de que ele inauguraria o Reino definitivo de Deus. Assustaram-se com sua morte: "Nós esperávamos que ele fosse redimir Israel, [mas] nossos sumos sacerdotes e nossos chefes o entregaram para ser condenado à morte" (Lc 24,20-21).

Depois começaram a entender que a morte na cruz fazia parte dos planos de Deus para estabelecer seu Reino e entrar em sua glória. De muitas e variadas maneiras, o Novo Testamento fala desta vitória de Cristo, do estabelecimento do Reino, da vinda gloriosa pela sua ressurreição. Jesus está sentado à direita de Deus: ele tomou posse e começa seu reinado (cf. At 2,21-36). Outra imagem interessante é a que encontramos em Ap 5,1-14: o Cordeiro vem; vem para abrir o livro selado com sete selos, ou seja, ele desvenda o sentido da história, ele mostra como o plano salvífico de Deus foi realizado nele, em sua morte e ressurreição. O verbo "vir" exprime de novo a tomada de posse para governar. Por isso, assim que o Cordeiro recebeu o livro, todos os personagens presentes se prostraram, cantaram e o aclamaram como Rei: "Digno é o Cordeiro imolado de receber o poder, a riqueza, a sabedoria, a força, a glória e o louvor [...]. Àquele que está sentado no trono e ao Cordeiro pertencem o louvor, a honra, a glória e o domínio pelos séculos dos séculos!" (vs. 12-13).

O Reino já começou

Com a sua ressurreição, que é o seu Advento, Cristo assumiu o poder, iniciou o Reino de seu Pai que significa a vitória de Deus sobre todo o mal, a realização de suas promessas. Os primeiros cristãos esperavam que essa vitória se realizasse logo, a qualquer momento. Mas com o tempo foram percebendo que haveria um tempo bem maior entre a ressurreição e a realização total do Reino do Pai, um tempo maior entre a ressurreição e a parusia, a vinda de Jesus na glória de seu Reino. O Reino já existe entre nós como uma realidade dinâmica. Deverá ir crescendo até atingir seu objetivo final. Nós, cristãos em Igreja, somos sacramento e testemunhas desse Reino. Cristo "vem", estabelece seu Reino, convida as pessoas a participarem, a aderirem.

O Reino é "comunhão profunda, perfeita e definitiva de Deus com os homens e dos homens entre si [...]; não coincide com nenhuma realização histórica concreta, tampouco é fruto de empenho puramente humano, mas se projeta para além do tempo e da história [...]. A Igreja, porém, está igualmente convencida de que a construção do Reino se dá aqui e agora também através dos esforços humanos em vista de uma sociedade justa, fraterna, solidária e livre. Nesses esforços ela reconhece a presença atuante do próprio Deus Salvador [...]. O Reino passa através de mediações históricas que [...] são sinais da obra definitiva de Deus".[2]

---

[2] CNBB. *Diretrizes gerais da ação pastoral da Igreja no Brasil.* Documentos da CNBB n. 23. 2. ed. São Paulo, Paulinas, 1983. p. 68, nn. 74-75.

Os profetas do Reino

No meio do povo há aqueles que têm maior sensibilidade para perceber os sinais da presença e da ação de Deus na história. São os profetas, de ontem e de hoje. A liturgia do Advento destaca dois deles de modo particular: Isaías e João Batista.

Isaías

Os três livros de Isaías, escritos em épocas diferentes, estão muito presentes no Lecionário dominical do Advento.

O primeiro (caps. 1–39), chamado Proto-Isaías ou Primeiro Isaías, é em grande parte atribuído ao profeta Isaías. Ele viveu durante o reinado de Ozias, Joatão, Acaz e Ezequias (por volta de 740-700 a.C.). Isaías participou criticamente da vida sociopolítica de seu país, que vivia momentos de crise, principalmente em relação à política externa. Internamente, Isaías insistia no direito e na justiça, na defesa do pobre, da viúva e do órfão. Externamente, sugeria que seu povo não se envolvesse nas brigas das grandes potências da época (Síria e Assíria). Ele via a história com otimismo: o Senhor tem tudo na mão. As derrotas políticas são interpretadas como castigo de Deus. No meio de todas as dificuldades, o Senhor deixará sobrar um pequeno resto do povo, que garantirá a continuidade do povo eleito.

Deste primeiro livro encontramos no Lecionário dominical os seguintes trechos:

- Is 2,1-5: Jerusalém deverá se tornar o ponto de união de todos os povos; porém, excluindo as armas e as estratégias militares.

- Is 7,10-14: o profeta anuncia o nascimento de um filho na dinastia de Davi, com o nome simbólico de Emanuel, isto é, "Deus Conosco".

- Is 35,1-6a.8a-10 (trecho de uma época bem posterior a Isaías): a vinda salvadora do Senhor transformará o deserto em terra fértil e curará todos os males.

O segundo (caps. 40–55), chamado Dêutero-Isaías, "Segundo Isaías" ou Livro da Consolação, foi escrito bem mais tarde, no tempo do exílio na Babilônia, por volta de 550 a.c. Dele lemos somente Is 40,1-5.9-11: o profeta anuncia a volta dos exilados a seu país e a descreve como se fosse um novo êxodo.

O terceiro (caps. 56–66), chamado Trito-Isaías ou Terceiro Isaías, foi escrito por vários discípulos, em várias épocas. Dele lemos nos domingos do Advento:

- Is 61,1-2a.10-11: o Messias é ungido pelo Espírito de Deus para pôr fim aos sofrimentos dos pobres e acabar com a miséria e a escravidão. Os pobres, então, gritam de alegria, louvando e agradecendo a Deus.

- Is 63,16b-17.19; 64,1c-7: o profeta faz uma comovente oração a Deus, pedindo que rasgue os céus e desça para salvar seu povo, apesar do pecado deste último.

João Batista

Também *João Batista* ocupa um espaço bastante grande na liturgia do Advento, principalmente no 2º e 3º domingos. Ele é a voz que grita no deserto. Anuncia a vinda do Messias e prepara o caminho, pregando ao povo a conversão. Não uma conversão "interior" apenas, de nosso relacionamento com Deus; como se isso fosse possível, sem uma real mudança no relacionamento com os irmãos, principalmente com os mais necessitados. João Batista é prático: "Quem tiver duas túnicas dê uma a quem não tem; e quem tiver comida faça o mesmo!" (Lc 3,11). Já é o início da prática da partilha que é característica do Reino de Deus.

E nós também...

Hoje em dia também, graças a Deus, temos muitos profetas. São bispos, padres, religiosos e religiosas, leigos e leigas, teólogos e teólogas, agentes de pastoral, operários e lavradores, pais e mães de família... São todos aqueles e aquelas que ajudam o povo a perceber a presença e a atuação de Deus nos acontecimentos, nas realidades sociopolíticas. Chamam à conversão, denunciam as injustiças, animam o povo lembrando as promessas de Deus... E muitas vezes, por causa disso, pagam com a própria vida.

É por isso que as mensagens dos profetas são tão importantes para nós no Advento. Não só nos animam e nos levam a enxergar os sinais do Reino, mas ainda nos ajudam a assumir nossa missão profética. Como Isaías, como João Batista, todos nós devemos viver atentos aos acontecimentos; participar ativamente da vida social e política e perceber em nossa vida (tanto individual como comunitariamente) os apelos de Deus.

Viver o Advento é, portanto, ficar atento aos sinais do Reino entre nós: a denúncia das injustiças; a luta por melhores condições de vida; os gestos de partilha, solidariedade e ajuda mútua, principalmente entre os mais pobres; a atenção aos mais carentes; a defesa dos necessitados e injustiçados; a organização solidária dos excluídos, dos sem-terra, dos sem-casa, dos sem-trabalho; os esforços pela reforma agrária; o crescimento da participação política voltada para o bem comum; o perdão e o amor desinteressado... Não basta ficar atento apenas; é preciso trabalhar, colaborar, agir, apressar a vinda do Reino; e ao mesmo tempo perceber tudo isso como um dom de Deus. É ele quem está realizando o Reino entre nós, pelo seu Espírito que nos anima, nos guia e nos transforma.

O Advento de um mundo renovado

O Advento do Reino de Deus traz em si uma proposta radicalmente nova de relacionamento entre as pessoas e os grupos humanos; traz em si uma crítica a muitos projetos e maneiras de se organizar a sociedade e a vida individual. Vivemos numa sociedade que só visa ao lucro, ao poder, à dominação de alguns poucos sobre todos os outros. O ser humano é reduzido a mercadoria. A injustiça se arraigou nas estruturas socioeconômicas que a cada dia matam milhares de pessoas. Uns têm tudo, outros não têm terra, nem trabalho, nem salário digno, nem casa, nem comida... Viver o

Advento significa, portanto, rever os nossos projetos, avaliá-los à luz da mensagem do Advento do Senhor; rever o rumo que estamos tomando em nossa vida pessoal, social e comunitária.

O Senhor vem para assumir o governo do mundo e de nossas vidas. Vem realizando a salvação, a cada dia, a cada momento da história, até que um dia o Reino esteja plenamente estabelecido. O Senhor vem: cada celebração litúrgica é uma "visita" do Senhor, dia de sua vinda, principalmente quando celebramos a Eucaristia, a ceia do Senhor, proclamando sua vitória sobre todas as mortes, "até que ele venha".

O tempo litúrgico do Advento nos faz viver profundamente este aspecto da presença/ausência do Reino. Reaviva em nós a esperança de um futuro melhor em um mundo que parece estar se suicidando. Reanima a nossa coragem: os nossos esforços por uma vida digna, por uma sociedade fraterna, não serão em vão. Reaviva o nosso amor. Alguém espera por nós no ponto de chegada e já se faz presente como companheiro de caminhada: o Senhor Jesus.

"Vem, Senhor Jesus!"

A prece mais característica do tempo do Advento é: "Vem, Senhor Jesus!"; prece bem antiga. São Paulo termina sua primeira carta aos Coríntios dizendo: "*Maran atha*. A graça de nosso Senhor Jesus Cristo esteja com vocês! Com todos vocês está o meu amor em Cristo Jesus" (1Cor 16,22-24). *Maran atha* são palavras da língua falada por Jesus e seus discípulos. Significam: "O Senhor veio, está presente". Mas podem ser lidas também *Marana tha*: "Nosso Senhor, vem!", semelhante à aclamação que encontramos em Ap 22,20: "Aquele que atesta estas coisas diz: 'Sim, venho muito em breve!' Amém! Vem, Senhor Jesus!" As palavras em aramaico provam a origem palestinense da aclamação, e o fato de são Paulo não traduzi-la em grego (a língua que usou em suas cartas) deixa supor que todos a conheciam, provavelmente porque era muito usada, na liturgia. Assim a encontramos também na Didaqué ou Doutrina dos Apóstolos (um texto do final do século I) no capítulo 10, sobre a ação de graças depois da ceia: "Hosana à casa de Davi. Venha aquele que é santo. Aquele que não é faça penitência: Maranatá!

Amém".[3] Humberto Porto, que realizou um estudo sobre os vínculos da liturgia cristã com a liturgia judaica, diz o seguinte a respeito da aclamação Maranatá na Didaqué: "Através dela queriam os primitivos cristãos proclamar a certeza nova de que só pela mediação do *Kyrios* (Senhor) glorioso é que temos realmente acesso ao Pai; [...] expressa a fé e a esperança da reunião de todos os homens na unidade, com a transformação do homem e do cosmo sob o juízo definitivo de Deus. Ela envolve a súplica da manifestação universal da glória divina na realização escatológica da salvação".[4]

Para a reunião da equipe

1) Vamos examinar um por um os cantos que costumamos utilizar no Advento:

- Falam da vinda de Jesus? De qual vinda? Do nascimento dele em Belém? Da vinda de seu Reino? Da vinda no fim dos tempos? Da vinda hoje em nossa vida pessoal e comunitária? Da vinda na liturgia?...

Qual deles exprime melhor o sentido do Advento?

- Falam da vinda do Reino? Como? (Um reino para depois da morte, ou o Reino já presente entre nós, hoje?)

- Ajudam-nos a ter esperança? Esperança de quê? Por quê?...

(O mesmo pode ser feito em relação às orações do Missal e às leituras do Lecionário.)

2) Quem são os profetas de nosso tempo (pessoas que mais nos têm ajudado a perceber os apelos de Deus)?

3) Quais são os sinais mais claros da vinda de Deus em nosso meio?

4) Quais são os principais obstáculos para que o Reino se realize entre nós?

---

[3] DIDAQUÉ: catecismo dos primeiros cristãos. Petrópolis, Vozes, 1970. pp. 22 e 55. (Coleção Fontes da Catequese, n. 1).

[4] PORTO, Humberto. *Liturgia judaica e liturgia cristã*. São Paulo, Paulus, 1977. p. 224.

3

ADVENTO: A EXPERIÊNCIA DE UMA GRAVIDEZ

Além de Isaías e João Batista, há uma terceira pessoa que faz parte do Advento: Maria, a mãe de Jesus. Sem a participação dela, Deus não teria realizado o seu plano de se fazer um de nós.

Nós somos Maria

Haverá maneira melhor de se viver o Advento, senão nos unindo e nos identificando com Maria na espera da vinda de seu Filho? Deus precisou do "sim" de Maria; hoje, precisa do nosso "sim" para poder se manifestar em todos os ambientes, para poder nascer no mundo. Maria teve de tomar uma decisão que modificaria seus planos, sua vida inteira: "Eis a serva do Senhor; realize-se em mim a Palavra do Senhor!" (Lc 1,38 — aclamação ao evangelho, 4º domingo, anos B e C). Hoje, nós também precisamos tomar esta mesma decisão: aceitar ou não viver em função do Filho que vem modificar nossos planos, nossa maneira de pensar e de viver. Os vizinhos de Maria, seus parentes, as pessoas da vila de Nazaré... viam em Maria uma mulher grávida como qualquer outra; não desconfiavam que poderia estar carregando o Salvador, o Filho de Deus Altíssimo. Hoje, os cristãos, tão parecidos com todos, principalmente nas falhas, nas fraquezas, carregam de forma escondida para muitos a própria vida de Deus. A Igreja, e com ela a humanidade, está como que grávida da vida de Deus. Na carta aos Romanos, capítulo 8, são Paulo fala das dores de parto de toda a criação: logo, o novo mundo, o Reino haverá de nascer.

"Ave Maria, cheia de graça, o Senhor é convosco!" Sim, o Senhor é conosco também e bendito é o fruto que se forma no "ventre" de nossas comunidades, na Igreja, no mundo. Maria é o protótipo, o original, o modelo da Igreja-comunidade. Hoje, o Corpo de Cristo está sendo formado, nutrido, está crescendo, pelo trabalho de evangelização, pela oração, pela escuta da Palavra de Deus, pela organização do povo por mais vida e mais união, pelo diálogo entre as culturas e as religiões, pela atenção à ecologia e nossa relação com a terra e o cosmo.

Como qualquer mulher que está esperando um filho, também nós, a Igreja-comunidade, não vemos a hora de o filho nascer e se manifestar ao mundo. Daí nossa expectativa, cheia de uma alegria contida: "Pois que a virgem dará à luz um filho e lhe dará o nome de 'Emanuel' (Deus Conosco)" (Is 7,14 — primeira leitura e aclamação ao evangelho do 4º domingo, ano A). Ou como diz a 4ª estrofe do canto *Jerusalém, povo de Deus,* de Reginaldo Veloso: "A Virgem, Mãe será, um filho à luz dará. Seu nome, Emanuel: 'Conosco Deus' do céu; o mal desprezará, o bem acolherá". O Espírito que fecundou o ventre de Maria fecunda a Igreja-comunidade e faz nascer novos filhos de Deus: "A todos aqueles que receberam a Palavra e que acreditaram em seu nome, deu o poder de se tornarem filhos de Deus" (Jo 1,12 — evangelho da missa do dia de Natal).

Advento, tempo de devoção a Maria

O tempo litúrgico mais próprio para a veneração de Maria é o Advento. É o que afirma o papa Paulo VI na encíclica *Marialis Cultus,* sobre o culto à Virgem Maria: o Advento deve ser considerado como um tempo particularmente adequado para o culto da Mãe do Senhor (cf. n. 4).

Enquanto os meses de maio e de outubro são devoções sem ligação nenhuma com o Ano Litúrgico, o Advento, principalmente a partir do dia

17 de dezembro, insere Maria na vivência e celebração do mistério pascal. As devoções do mês de maio têm sua origem na Idade Média, na tentativa de "cristianizar certas celebrações pagãs tradicionais do mês de maio, de origem romana e germânica [...]. O primeiro que fala de um mês do rosário é Leão XIII, que publicou 16 encíclicas sobre a devoção ao rosário".[1]

Como fazer para que Maria seja inserida na celebração do Advento? Podemos destacar a imagem dela; no final da celebração cantar um hino a Maria, de preferência ligado ao Advento. Podemos destacar as duas festas marianas do mês de dezembro: dia 8, Solenidade da Imaculada Conceição, e dia 12, festa de Nossa Senhora de Guadalupe, padroeira principal da América Latina. E há, por fim, a novena do Natal, na qual todos os dias cantamos com Maria: "Minh'alma engrandece a Deus, meu Senhor!"

Na Igreja oriental existe um ícone[2] bem próprio para o tempo do Advento: a Mãe de Deus do Sinal. Maria está com as mãos estendidas em atitude orante. No peito carrega o Filho, o Emanuel, numa auréola. O ícone se inspirou na profecia de Is 7,14: "O Senhor mesmo lhe dará um sinal: eis que a virgem ficará grávida e dará à luz um filho e lhe dará o nome de Emanuel". Também a Virgem de Guadalupe é apresentada como uma mulher grávida. Quem sabe, algum artista local poderá se inspirar nestes ícones para criar para a comunidade uma imagem de Maria, com traços da cultura da comunidade, que exprima todo este sentido do Advento. Também os poetas e compositores poderiam aprofundar este tema bíblico e criar cantos marianos para o Advento.

---

[1] ADAM, Adolf. *O ano litúrgico*. São Paulo, Paulus, 1982. p. 217.

[2] Ícones são pinturas que representam quadros bíblicos ou de santo e que são venerados nas igrejas orientais como verdadeiros sacramentais. Em cada igreja o altar é separado do povo por uma iconóstase, um biombo repleto de ícones que representam toda a história da salvação.

Que a terra se abra ao amor

O Filho de Deus vem "do alto" como dom do Pai, mas precisa da aceitação das pessoas. A união entre Deus e a humanidade para a realização da salvação vem expressa em outra imagem bíblica durante o Advento: a imagem da terra que se abre para receber a chuva que faz a semente crescer; a terra que é fecundada pelo orvalho.

Vejamos alguns textos:

- "O Senhor dará a sua bênção, e nossa terra o seu fruto" (Sl 85[84] — antífona da comunhão do 1º domingo).

- "Tenham paciência até a vinda do Senhor. Vejam o agricultor: espera o precioso fruto da terra e tem paciência até receber a chuva do outono e da primavera" (Tg 5,7 — segunda leitura, 3º domingo, ano A).

- "Das alturas orvalhem os céus e as nuvens, que chovam justiça; que a terra se abra ao amor e germine o Deus Salvador" (Reginaldo Veloso, refrão para o Sl 85).

- "Senhor, abre os céus, que as nuvens chovam o Salvador" (José Weber, refrão do canto de entrada da missa do Advento).

- "Deus dará a sua bênção e nossa terra florescerá" (Série Povo de Deus, Petrópolis, Vozes, canto de comunhão).

- "Vem a nós, ó Senhor, como o orvalho dos altos céus" (idem).

Esta imagem poderá nos ajudar a viver e celebrar o Advento, especialmente nas regiões em que chove muito no mês de dezembro. Tanto a imagem da chuva e do orvalho que penetram na terra como a imagem da gravidez ajudam-nos a compreender a salvação como algo presente em nossa realidade atual, na história, na vida da humanidade. Ambas nos ajudam a compreender também a lenta preparação da terra toda para a vinda do Senhor, principalmente do povo de Israel. É o que encontramos expresso ainda em outro canto bastante conhecido em muitas regiões:

- "Da cepa brotou a rama, da rama brotou a flor, da flor nasceu Maria, de Maria o Salvador" (Reginaldo Veloso, refrão para o capítulo 11 de Isaías; ODC, p. 215).

A "cepa" é a linhagem de Jessé e de Davi, o "tronco" do povo eleito, tantas vezes cortado violentamente pelos seus inimigos, mas do qual brotou, teimoso, um novo ramo: o Salvador Jesus Cristo.

Para a reunião da equipe

1) Na piedade popular de nossa região, existem canções, orações ou devoções a Maria, próprias para o Advento?

2) Como relacionar melhor a devoção a Maria e o Advento?

3) Como trabalhar (em cantos, na homilia, em cartazes...) as imagens da gravidez e "da terra que se abre ao amor?"

4

COMO CELEBRAR O ADVENTO

Nos capítulos anteriores falamos sobre o sentido do Advento. Vamos nos concentrar agora em sua celebração. Primeiro, lembraremos algumas características gerais; em seguida, trataremos das seguintes celebrações: os quatro domingos do Advento; as missas durante a semana; o Ofício Divino (Liturgia das Horas); o terço e a oração em família; a novena do Natal; as celebrações penitenciais.

a) Características das celebrações do Advento

I.   O Advento é celebrado com sobriedade e com uma alegria discreta, quase contida. Por isso, não se canta o *Glória...* (a não ser nas solenidades e festas, e em alguma celebração especial); fica reservado para a noite e o dia de Natal, quando juntamos nossa voz à dos anjos para dar glória a Deus pela salvação que realiza em nosso meio. O *Aleluia...*, no entanto, continua ressoando.

II.   Pelo mesmo motivo da sobriedade, o DL prescreve que flores e instrumentos sejam usados com moderação, para não antecipar a plena alegria do Natal do Senhor.

— 33 —

III. Usa-se a *cor roxa* para as vestes litúrgicas (casula, estola...); onde se tem o costume de cobrir a estante da Palavra (ambão), o pano poderá ser da mesmo cor. No 3º domingo, a cor usada tradicionalmente é o cor-de-rosa, por ser o "domingo da alegria", referente à segunda leitura, na qual o apóstolo nos convida: *Alegrem-se.*

IV. Em muitas regiões, existe o costume de se fazer a coroa do Advento, com quatro velas, que serão acendidas uma a uma, acompanhando os quatro domingos do Advento: uma vela no 1º domingo, duas no segundo e assim por diante. A luz crescente indica a proximidade do Natal, quando a luz de Cristo, a luz da salvação, há de brilhar para toda a humanidade. O círculo, sem começo nem fim, simboliza a eternidade. Para que toda a comunidade se aproprie do sentido desta coroa, ela poderá ser acesa durante os ritos iniciais, acompanhada de uma pequena bênção. Por exemplo: "Bendito sejas ó Senhor, nosso Deus, pela luz de nossa fé que nos acompanha na caminhada de nossa vida! Bendito sejas, pela luz que acompanha toda a humanidade em sua caminhada rumo a ti, ó Eterno, que és sem começo nem fim. Durante este tempo de Advento, aumente em nosso coração a tua claridade. Amém!"[1]

V. Aclamação característica: *Vem, Senhor Jesus! Maranatha!*

VI. Sobre o sentido de cantar o Advento, vejam HIN1, pp. I e II.

VII. Salmos característicos do tempo do Advento: Sl 25(24); 80(79); 85(84).

VIII. Alguns outros cantos característicos:

* *Lá vem, lá vem...* ODC, p. 301.
* *Muito suspira por ti...* HIN1, p. 78; ODC, p. 433.
* *O Senhor virá libertar o seu povo...* HIN1, p. 84; ODC, p. 295.

---

[1] Cf. BUYST, Ione. *Celebrar com símbolos*. 2. ed. São Paulo, Paulinas, 2002. pp. 85-87.

- *Ó vem a nós, Emanuel...* ODC, p. 299.
- *Ó vem, Senhor, não tardes mais...* ODC, p. 297.
- *Ó vinde, enfim...* HIN1, p. 84; ODC, p. 291.
- *Ouve-se na terra um grito...* HIN1, p. S. 32; ODC, p. 293.
- *Quando virá, Senhor, o dia...* HIN1, p. 85; ODC, p. 290.
- *Senhor, vem salvar teu povo...* HIN1, p. S. 36; ODC, p. 296.
- *Vem Senhor Jesus, vem amado Senhor...* HIN1, p. 88; ODC, p. 433.
- *Vem, ó Senhor, com o teu povo caminhar...* ODC, p. 295.
- *Voz que clama no deserto...* HIN1, p. 46; ODC, p. 434.

IX. Refrões contemplativos, vejam: ODC, p. 435; ODC Suplemento 1, n. 22, pp. 42-46; Taizé 1, 6 e 43.

X. Cantos marianos próprios para o tempo de Advento:

- *Deus vos salve, Virgem...* HIN1, p. S. 28; ODC, p. 352.
- *Maria, cheia de graça...* 1ª parte, ODC, p. 356.
- *Salve, Maria, tu és a estrela virginal...* HIN1, p. 41; ODC, p. 357.
- *Ave Maria, cheia de graça...* (os três primeiros versos), ODC, p. 447; HIN1, p. 9 (Eu te saúdo...).
- *Filha de Sião...* HIN1, p. S. 29.

b) Domingos do Advento: missa e celebração da Palavra

São quatro os domingos do Advento. Como celebrá-los bem? Queremos destacar os "sinais sensíveis", pois liturgia se faz com palavras, mas também com gestos, ações, sinais e símbolos... O sinal principal é a própria *Eucaristia,* o sacramento da espera "até que o Senhor venha". Nas celebrações sem a presença de padre, existe a possibilidade de distribuir o pão eucarístico de uma missa anterior, ou de realizar uma benção do pão.[2]

Outros sinais devem completar este sinal principal. O que se pode fazer para criar um clima característico de Advento? Como marcar a diferença entre os domingos do tempo comum e os domingos do Advento? De que modo o Advento pode "entrar" pelos sentidos? Vamos lembrar, em seguida: coisas para se ouvir, coisas para se ver e coisas para se fazer.

a) Coisas para se ouvir: em primeiro lugar temos as *leituras bíblicas.* Lembremos, por meio do quadro abaixo, as leituras já comentadas em capítulos anteriores:

DOMINGOS DO ADVENTO	1ª LEITURA	SALMO	2ª LEITURA	EVANGELHO
1º dom. – ano A	Is 2,1-5	(122(121)	Rm 13,11-14	Mt 24,37-44
ano B	Is 63,16b-17; 64,1.3b-8	80(79)	1Cor 1,3-9	Mc 13,33-37
ano C	Jr 33,14-16	25(24)	1Ts 3,12–4,2	Lc 21,25-28.34-36
2º dom. – ano A	Is 11,1-10	72(71)	Rm 15,4-9	Mt 3,1-12
ano B	Is 40,1-5.9-11	85(84)	2Pd 3,8-14	Mc 1,1-8
ano C	Br 5,1-9	126(125)	Fl 1,4-6.8-11	Lc 3,1-6
3º dom. – ano A	Is 35,1-6a.10	146	Tg 5,7-10	Mt 11,2-11
ano B	Is 61,1-2a.10-11	Ct. Maria	1Ts 5,16-24	Jo 1,6-8.19-28
ano C	Sf 3,15-18a	Is 12,2-6	Fl 4,4-7	Lc 3,10-18
4º dom. – ano A	Is 7,10-14	24(23)	Rm 1,1-7	Mt 1,18-24
ano B	2Sm 7,1-5.8b-11.14a-16	89(88)	Rm 16,25-27	Lc 1,26-38
ano C	Mq 5,1-4a	80(79)	Hb 10,5-10	Lc 1,39-45

---

[2] Cf. BUYST, Ione. *Celebração do domingo ao redor da Palavra de Deus.* São Paulo, Paulinas, 2002. Para roteiros e textos para estas celebrações, vejam DS1.

— 36 —

Não há dúvida de que os *cantos* têm um papel importante, principalmente quando são bem conhecidos por todos: evocam logo todos os Adventos anteriores, os temas bíblicos aprofundados, as experiências vividas, os sentimentos de espera, de expectativa pela vinda do Senhor. É evidente que os cantos de entrada, das oferendas e de comunhão devem ser próprios para o Advento. Mas seria interessante também — como no gregoriano, antigamente — que até mesmo as melodias dos cantos fixos da missa fossem próprias do Advento: o "Senhor, tende piedade", o "Santo", a aclamação eucarística, o "Cordeiro de Deus".

Os salmos que seguem a primeira leitura e a aclamação ao evangelho já vêm indicados no Lecionário, porque acompanham o sentido das leituras. Pelo menos o refrão destes dois cantos deveria ser cantado.[3] Às vezes, o refrão deve ser adaptado conforme o sentido dado pelo Lecionário. Para os outros salmos pode-se recorrer às melodias do Advento da antiga série "Povo de Deus", pelo menos para os refrões.

Há várias melodias para cantar o prefácio: HIN1, pp. S. 37-40; ou a louvação: HIN1, p. 73.

b) Coisas para se ver: a música entra pelos ouvidos. Reclama a participação de nossa garganta, nossa respiração, nossos pulmões... E os nossos olhos? O que fazer para que possam "ver" o Advento?

Além da *cor roxa, da ausência de flores, da coroa do Advento...*, há comunidades que colocam um *painel* com desenhos referentes ao Advento.[4] Em outros lugares costuma-se montar *o presépio* a partir do dia 17, sem a imagem do Menino Jesus (a qual será colocada somente durante a missa do galo).

Algumas leituras se prestam a diálogos, *dramatizações* ou *encenações litúrgicas*: Mt 3,1-12 (2º domingo, ano A); Mt 11,2-11 (3º domingo, ano A); Is 7,10-14 (4º domingo, ano A); Mc 13,33-37 (1º domingo, ano B);

---

[3] Vejam, entre outros, ODC e HIN1 (com quadros indicativos nas pp., 96 e S. 44-50).

[4] Vejam, por exemplo, nos centros do Apostolado Litúrgico, os painéis desenhados por Cláudio Pastro para cada tempo litúrgico.

Mc 1,1-8 (2º domingo, ano B); Jo 1,6-8.19-28 (3º domingo, ano B); 2Sm 7,1-5.8b-11.14a-16 (4º domingo, ano B); Lc 3,10-18 (3º domingo, ano C); Lc 1,39-45 (4º domingo, ano C). Não se deve confundir encenação litúrgica com teatro! A encenação litúrgica é uma proclamação da Palavra, feita em clima de oração e celebração. Por isso, geralmente é melhor que os "atores" não usem roupas especiais; se for preciso, usem apenas um ou outro pequeno sinal para distinguir seu personagem. A maneira mais simples é a divisão dos vários textos conforme os personagens aparecem no texto: o narrador, Jesus, João Batista, Maria etc., sem que estes façam gestos ou se desloquem. Uma outra forma é a mímica: os personagens atuam, fazem gestos, se movimentam, mas não falam; quem fala é o leitor. Uma terceira forma é a dramatização, na qual os próprios personagens falam enquanto atuam; um leitor ou narrador diz as partes que ligam os diálogos entre si.

Em vez de encenar os textos bíblicos, pode-se evocar cenas da nossa realidade, como parte da homilia. Sua função é ajudar a interpretar as leituras dentro de nossa vida atual.

c) Coisas para se fazer: liturgia é ação (*-urgia*). A ação principal é a refeição, a ceia do Senhor, com a oração eucarística e a comunhão. Mas o nosso corpo precisa participar de toda a celebração. Haverá algum gesto ou ação que possamos introduzir na liturgia do Advento e que ajude a celebrá-lo melhor? Algum gesto que expresse a alegre expectativa ou que reforce a prece "Vem, Senhor!"? Dependendo do perfil da assembléia reunida, pode-se rezar com os braços levantados como quem pede ajuda: durante o refrão "Vem, Senhor!", ou durante a resposta às preces dos fiéis, ou durante o pedido do pai-nosso "Venha a nós o vosso Reino".

c) Missas durante a semana e Ofício Divino (Liturgia das Horas)

O Missal prevê missas para cada dia da semana. A Liturgia das Horas propõe vários ofícios ao longo do dia com textos próprios para o Advento. Também o *Ofício Divino das Comunidades*, uma Liturgia das Horas inculturada, simplificada, oferece para todos os dias do Advento um ofício para a manhã e outro para a tarde (ou noite); além disso, há um ofício de vigília para os domingos (no sábado à noite). E ainda, um ofício especial para os dias da novena do Natal, de 15 a 24 de dezembro.[5] Todos estes ofícios trazem abertura, hinos, salmos, refrões, responsos, aclamações e preces próprias para o Advento.

Muitas comunidades (e também pastorais, grupos, movimentos e famílias) já incorporaram o Ofício Divino em sua vida diária ou semanal. O Ofício tem a vantagem de ser uma ação litúrgica, comunitária, praticamente feita só de textos bíblicos, acompanhando os tempos do Ano Litúrgico. É alimento espiritual forte, de primeira qualidade. Tem suas raízes na tradição judaica, é herança deixada pelas comunidades cristãs dos primeiros séculos do cristianismo e foi conservado também nas outras Igrejas cristãs, como a episcopal e anglicana, a luterana... e todas as Igrejas orientais.

d) Novena do Natal

Em poucos anos, a novena do Natal mudou de figura no Brasil. A reza, a visita da imagem do Menino Jesus, de casa em casa, durante nove dias..., tudo isto continua. Mas é ampliado com leituras bíblicas, interpretadas a partir da realidade atual. Tomou a forma de uma celebração da Palavra e, mais recentemente, de um Ofício Divino. Muitas vezes, a novena é inserida no planejamento da paróquia ou diocese como um dos meios de evangelização e formação de novos núcleos de Igreja.

a) Nas novenas em forma de *celebração da Palavra*, não devemos desprezar as leituras bíblicas do Lecionário da missa; foram escolhidas em função de nossa preparação à vinda do Senhor. Prevalecem aí as mensagens do profeta Isaías e de João Batista, dando coragem e esperança aos pobres e humildes, reforçando sua união e solidariedade; chamando a atenção dos que se consideram poderosos e exploram seus irmãos; convidando a todos a construir uma sociedade nova, baseada na justiça de Deus e na partilha.

---

[5] *Ofício Divino das Comunidades*. 12. ed. São Paulo, Paulus, 2002. pp. 485ss. Os ofícios para a novena estão nas pp. 495ss.

Às vezes, as leituras giram em torno do anúncio e do nascimento de Jesus e nos ajudam a reconhecer nossa própria história na história de Maria, de José e do Menino Jesus. Como Maria e José, quantas pessoas são obrigadas a viajar para longe! São expulsas de suas terras. Vão à procura de emprego. Fogem da fome e da miséria. Chegando à cidade, não há lugar para elas. Vão procurar um lugarzinho na periferia, um barraco qualquer, ou nos cortiços. Têm de acampar à beira da estrada, muitas vezes ameaçados de expulsão pela polícia... Sim, porque hoje também os Herodes continuam "de olho". Qualquer ameaça a seu poder e seus privilégios é paga, na certa, com perseguição e morte. João Batista foi morto. Maria e José tiveram de fugir para o Egito, porque Herodes queria matar o Menino Jesus. Jesus escapou, porém milhares de crianças menores de dois anos foram barbaramente assassinadas (cf. Mt 2,13-23). Hoje se mata principalmente pela fome. E a fome é causada pelos baixos salários, pelo desemprego, que por sua vez é causado pela injusta distribuição de bens. Sim, é o sistema sociopolítico-econômico que perpetua e agrava drasticamente esta situação insustentável. Mas quem será capaz de mudar este sistema de exploração e injustiça? Quem tem força suficiente e coragem para isso? Bem, estão dizendo que esse Menino da estrebaria de Belém... ele seria o Salvador. Ele teria vindo para mudar a situação.

Ele junta em torno de si os pastores, os pobres, os marginalizados, fazendo-os acreditar na própria dignidade de seres humanos, criaturas de Deus, filhos de Deus, herdeiros de toda esta vasta criação que é a terra de Deus. Até mesmo "reis-magos" vieram de longe dar o seu apoio incondicional. E eles foram bastante inteligentes para perceber que Herodes estava usando até a religião para reforçar seus planos e enganar o povo: "Vão e procurem obter informações exatas sobre o menino. E me avisem quando o encontrarem, para que também eu vá prestar-lhe homenagem" (Mt 2,8). Os cientistas, técnicos, professores e outros profissionais, no fundo vivem este dilema: a quem vão ouvir e servir? Aos Herodes ou ao povo dominado e explorado? Os "reis-magos" do evangelho de Mateus felizmente não foram levar a Herodes nenhuma informação que pudesse prejudicar o menino: voltaram para casa por outro caminho.

Zacarias, Isabel, Simeão e Ana são outros personagens conhecidos nas novenas. O cântico de Maria (Lc 1,46-55), o cântico de Zacarias (Lc 1,67-79) e o cântico de Simeão (Lc 2,29-32) também são meditados, relacionados com a realidade atual e cantados como louvor a Deus que não se esquece do povo pobre e não deixará de cumprir sua promessa de salvação.

b) Nas novenas que seguem o roteiro do Ofício Divino,[6] as leituras podem ser as indicadas acima, assim como sua interpretação a partir dos problemas da realidade local. Mas o Ofício tem um caráter mais orante, mais de acordo com a índole da piedade popular. No Ofício do Advento, há um destaque para as chamadas "antífonas do Ó". Trata-se de antífonas (refrões) cantadas solenemente (na estante da Palavra, com toque de sino e acendimento de velas...), no início e no fim do cântico de Maria (no ofício da tarde ou da noite) e também do cântico de Zacarias (no ofício da manhã). Iniciam-se sempre com a exclamação "Ó" (daí um dos títulos dados a Maria: "Nossa Senhora do Ó"). Há uma antífona para cada um dos nove dias da novena. Um solista entoa a antífona, e o povo completa com uma invocação: "Vem, ó filho de Maria...!" A cada dia invocamos o Cristo com um título diferente, tirado das Sagradas Escrituras, implorando sua vinda:[7]

1º dia:

Ó... Ó Mistério:
Escondido há séculos nos céus, foste um dia ao povo revelado,
e dos cegos os olhos recobrados, já se firmam do coxo os passos seus.
Faz o pobre escutar a voz de Deus (cf. Rm 16,25; Mt 11,3-6).
Vem, levanta do chão os humilhados, ó, ó!
Vem, ó Filho de Maria, o amanhã já se anuncia,
quanta sede, quanta espera, quando chega,
quando chega aquele dia?... (bis).

---

[6] Vejam: CARPANEDO, Penha e GUIMARÃES, Marcelo. *Ofício e Novena do Natal*. São Paulo, Paulinas/Apostolado Litúrgico, 2002.

[7] Versão poética do texto litúrgico e melodia de Reginaldo Veloso — ODC, pp. 499-503; HIN1, pp. S. 42-43. Nada impede que se criem outras melodias, na linguagem musical de cada região.

2º dia:

Ó... Ó Libertação:
Pelo Espírito Santo consagrado, boa-nova trouxeste aos oprimidos,
confortaste os corações sofridos, os cativos por ti serão livrados (cf. Lc 4,16-21).
Vem, liberta este povo acorrentado, e o tempo da dor seja esquecido, ó,ó!
Vem, ó Filho de Maria, já se acende a Estrela Guia,
quanta sede, quanta espera, quando chega,
quando chega aquele dia?... (bis).

3º dia:

Ó... Ó Sabedoria:
Tu saíste da boca do mais alto, os confins do universo atingiste.
Tu com força e ternura dirigiste, este mundo por ti todo ordenado.
Vem mostrar o caminho consagrado
da prudência, que ao justo um dia abriste, ó, ó! (Cf. Eclo 24,3; Sb 8,1; Is 40,14).
Vem, ó Filho de Maria, vem do céu Sabedoria,
quanta sede, quanta espera, quando chega,
quando chega aquele dia?... (bis).

4º dia:

Ó... Ó Senhor, ó Adonai:
De Israel, de teu povo és o guia, nu´a fogueira a Moisés te revelaste.
No Sinai a teus servos entregaste / uma lei cheia de sabedoria.
Vem trazer a teu povo alforria, libertar com teu braço os que amaste, ó, ó!
(Cf. Ex 3,2; Ex 6,6).
Vem, ó Filho de Maria, do teu povo és o guia,
Quanta sede, quanta espera, quando chega,
quando chega aquele dia?... (bis).

5º dia:

Ó... Ó de Jessé raiz:
Estandarte bem alto levantado, um sinal para todas as nações.
Frente a ti ficam mudos os barões, clama o povo e só quer ser escutado.
Vem, Senhor, libertar o escravizado, não demores, escuta as orações, ó, ó!
(Cf. Is 11,10; Rm 15,12; Is 52,15; Hb 10,37).

Vem, ó Filho de Maria, vem dos tristes alegria.
Quanta sede, quanta espera, quando chega,
quando chega aquele dia?... (bis).

6º dia:

Ó... Ó Chave de Davi:
És o cetro da casa de Israel/ tu que abres e ninguém pode fechar;
tu que fechas e abrir quem poderá? Vem depressa esta raça acudir.
Algemado quem vai poder sair, se na sombra da morte é seu lugar? ó, ó.
(Cf. Is 22,22; Ap 3,7; Is 42-7; Lc 1,79).
Vem, ó Filho de Maria, vem, ó Cristo, Rei-Messias.
Quanta sede, quanta espera, quando chega,
quando chega aquele dia?... (bis).

7º dia:

Ó... Ó Sol do Oriente:
És o sol da justiça que desponta, resplendor de uma luz que não se apaga.
Quem habita nas trevas te aguarda, quem do cego pecado está na sombra.
Quem da morte adormece, leva em conta.
Vem, Senhor, essa escuridão faz clara, ó, ó! (Cf. Zc 6,12; Hb 1,3; Ml 4,2;
Lc 1,78-79).
Vem, ó Filho de Maria, vem raiar Sol da Justiça.
Quanta sede, quanta espera, quando chega,
quando chega aquele dia?... (bis).

8º dia:

Ó... Ó Rei das Nações:
Desejado dos povos, rei das gentes, tudo ajuntas em ti, pedra angular.
Inimigos tu vens apaziguar, vem salvar este povo tão dormente.
Pois do barro formaste nosso ente,
vem, Senhor, e não tardes, vem salvar, ó, ó! (Cf. Ag 2,7; Is 28,16; Ef 2,14;
Gn 2,7).
Vem, ó Filho de Maria, Deus da nossa alegria.
Quanta sede, quanta espera, quando chega,
quando chega aquele dia?... (bis).

9º dia:

Ó... Ó Emanuel:

Deus-Conosco, ó Rei legislador, esperança de todas as nações,
Desejado de todos os corações, és dos pobres maior libertador (cf. Is 7,14 e 8,8; Is 33,22).
Finalmente salvar-nos vem, Senhor,
Ó Deus nosso, ouve as nossas rogações, ó, ó!
Vem, ó Filho de Maria, vem depressa, ó luz da vida.
Quanta sede, quanta espera, quando chega,
quando chega aquele dia?... (bis).

c) Há muitas *dioceses que elaboram sua própria novena*. A mensagem do evangelho, de fato, deve ser lida a partir das preocupações e dos problemas próprios de cada ano, em cada região. Cristo veio para salvar o ser humano como um todo, dentro de sua real situação de vida. Mas vale aqui um alerta: é importante manter o caráter celebrativo, orante, litúrgico da novena, e não "roubar" este precioso espaço de oração e celebração para transformá-lo em uma reunião para discutir temas e problemas. E não nos esqueçamos de incorporar à novena as práticas religiosas próprias da região.

Na elaboração da novena, é importante ainda a indicação de *cantos, sinais, símbolos* (vela, estrela e outros), *gestos, ações* (procissões, abraço da paz, sinal-da-cruz e outros). E as *crianças*? O que vamos fazer para que possam participar? Em alguns momentos da novena elas poderão se encarregar de desenhar ou dramatizar uma cena do evangelho ou da vida; poderão recortar estrelas, plantar arroz e alpiste em pequenos vasos que irão enfeitar o presépio ou realizar outras pequenas tarefas relacionadas com o dia da novena. Poderão, de casa em casa, levar o convite para a reunião, como se fossem os anjos convidando os pastores a irem procurar o Menino em Belém.

Em alguns lugares, é costume também sugerir em cada dia da novena *pequenas "tarefas"* (compromissos, ações, gestos concretos) a serem realizadas como preparação espiritual à festa de Natal: visitar um doente, reconciliar-se com alguém, repartir, acolher pessoas novas que chegam ao bairro, fazer uma revisão de vida na família, apoiar alguém que está sofrendo uma injustiça etc.

A experiência tem demonstrado a importância da *preparação dos animadores* (também chamados de coordenadores ou dirigentes da novena); pois não se trata só de "rezar" a novena, é importante que ela seja um meio de as pessoas se unirem como Igreja. É importante que se crie amizade entre as pessoas, tendo como base a leitura e a partilha da mensagem do evangelho. Quantas vezes já aconteceu de vizinhos ou parentes que estavam brigados há tempo se reconciliarem por causa da novena do Natal?

Para que cada grupinho de novena se sinta inserido na Igreja maior, costuma-se fazer o *início ou o encerramento da novena na paróquia ou na comunidade*. No início, alguns prevêem a bênção dos presépios que irão ser levados de casa em casa, ou uma oração especial para os animadores. No final, costuma-se fazer um tipo de assembléia em que cada grupo conta como fez a novena, o que aproveitou mais. Outros fazem uma celebração eucarística, ou uma confraternização. Não convém fazer desta última reunião da novena uma celebração antecipada do Natal. É bom respeitar cada tempo. O verdadeiro "encerramento" da novena é a própria missa do Natal (ou, na falta dela, a vigília ou celebração da Palavra), na noite do dia 24 ou durante o dia 25, com a participação de todos os grupos da novena.

e) Oração pessoal, oração em família

Graças a Deus, muitas pessoas ainda guardam ou redescobrem o hábito da oração pessoal e da oração em família. Pode ser num momento fixo, por exemplo, de manhã e/ou à noite; pode ser a qualquer momento do dia ou da noite... A equipe litúrgica poderá estimular esta "liturgia doméstica", dando sugestões no final da celebração de domingo, ou distribuindo algum folheto ou roteiro.

O que rezar no Advento? Algumas sugestões:

I. O Ofício Divino será uma excelente opção, mesmo para a oração pessoal, quando não se tem a oportunidade de celebrá-lo na comunidade. (Há regiões em que ainda existe o costume do "Ofício de Nossa Senhora".)[8]

II. Meditação do Sl 85(84), com um dos refrões próprios para o Advento, por exemplo: *Das alturas orvalhem os céus e as nuvens, que chovam justiça, que a terra se abra ao amor e germine o Deus Salvador* (ODC, pp. 100-102); ou com o Sl 80(79): *Como o sol nasce da aurora...* (HIN1, p. 15; ODC, p. 432); ou com o Sl 25(24): *Abre as portas, deixa entrar o Rei da glória; é o tempo, ele vem orientar a nossa história!* (HIN1, p. 8).

III. Leitura orante (*lectio divina*) com um dos textos bíblicos do dia.

IV. A repetição meditativa de uma invocação de Jesus. Por exemplo: *Maranatá!*, ou "Vem, Senhor, Jesus!"...

V. Reza do terço, ou de uma dezena, completando com cantos e leituras bíblicas próprias do Advento. Por exemplo: Is 7,14; Is 32,15-18; Is 35,1-10; Is 40,4-5; Is 45,7-8; Mt 3,1-3; Mt 24,32-36; Mt 24,37-44; Rm 8,18-21; Rm 13,11-12; 1Ts 3,12-13; Tg 5,7-9; Ap 22,16-17.20-21...

VI. Reza do "Anjo do Senhor" (*Angelus*), às 6 horas da manhã e da tarde e ao meio-dia, fazendo memória da visita do anjo a Maria, que anuncia o Deus-Conosco, o nascimento do Filho de Deus como ser humano. Esta reza tem valor todos os dias do ano; mas é significativa principalmente no tempo do Advento. Muita gente faz o sinal-da-cruz nestas horas, quando ouve o sinal do sino ou a avemaria... tocada no rádio; mas seria bom rezar a oração inteira:

---

[8] Vejam a versão atualizada deste ofício: VELOSO, Reginaldo. *Ofício da Mãe do Senhor*; "Eis aí a tua Mãe". São Paulo, Paulus, 2001. Livro e CD.

– O anjo do Senhor anunciou a Maria.
E ela concebeu do Espírito Santo.
(Reza-se uma ave-maria)
  – Eis aqui a serva do Senhor.
Faça-se em mim segundo a vossa Palavra.
(Reza-se uma ave-maria)
– E o Verbo de Deus se fez carne.
E habitou entre nós.
(Reza-se uma ave-maria)
– Rogai por nós, santa Mãe de Deus,
para que sejamos dignos(as) das promessas de Cristo.

Oremos... — Derramai, ó Deus, a vossa graça em nossos corações para que, conhecendo pela mensagem do anjo a encarnação do vosso Filho, cheguemos, por sua paixão e cruz, à glória da ressurreição. Por Cristo nosso Senhor. Amém.

f) Celebrações penitenciais

"Antes do Natal, muita gente quer se confessar para estar mais preparada para a festa do Natal de nosso Senhor. Sabemos que, quando a pessoa tem consciência de pecado grave, deve recorrer à confissão individual para se reconciliar com Deus e com a Igreja e, assim, poder participar dos sacramentos. É preciso pensar nisso com muito carinho e organizar o tempo necessário, seja para as confissões individuais, seja para as celebrações comunitárias nas quais estão inseridas as confissões e absolvições individuais. Existe também a possibilidade de confissão e absolvição coletivas, em casos excepcionais e de grave necessidade, a serem definidos pelo bispo diocesano[9]."

---

[9] Carta Apostólica de João Paulo II sob forma de 'Motu Proprio'. *A Misericórdia de Deus;* sobre alguns aspectos da celebração do sacramento da penitência. São Paulo, Paulinas, 2002, (Coleção A Voz do Papa, 182).

O *ROTEIRO* DE UMA *CELEBRAÇÃO SACRAMENTAL* É O SEGUINTE:

I. Canto, saudação, oração;

II. Leituras bíblicas intercaladas com salmo, canto, silêncio, seguidas de homilia e exame de consciência;

III. Confissão em comum ("Confesso a Deus...", ou outro texto); ladainha penitencial, ou um canto; pai-nosso;

IV. Confissão e absolvição individuais, ou somente absolvição geral, se for oportuno;

V. Canto de louvor, bênção, despedida.

Para uma *celebração penitencial não-sacramental*, pode-se seguir o mesmo roteiro, mas substituindo a confissão por um simples rito penitencial, sem absolvição.

Além do exemplo de celebração penitencial para o tempo do Advento que se encontra no Ritual da Penitência, a equipe poderá se utilizar das outras *sugestões de leituras bíblicas* a seguir, equilibrando sempre a denúncia da parte de Deus, sua queixa pelo nosso comportamento e seu apelo à conversão, com a oferta de perdão e de reconciliação:

Is.2,12-21: O dia do Senhor será como um terremoto que destrói nosso orgulho e nossos ídolos.

Is 10,1-4: Uma advertência muito séria contra aqueles que tiram o direito do pobre.

Is 29,13-21: Deus vai libertar os pobres de seus inimigos e fazer reinar a justiça e o direito.

Is 30,8-14a.18-19: O povo se afastou de Deus, não quer ouvir. Por isso será destruído. Mas Deus espera a hora de poder mostrar a sua graça e seu perdão.

Is 51,4-8: O Senhor vai fazer valer a justiça; ele assegura a salvação.

Is 52-1,6: O Senhor vai libertar o povo e resgatá-lo; por isso, ele se chamará "Eis-me aqui!".

Is 54,1-10: O povo de Deus é comparado a uma mulher. Deus, seu esposo, confirma a aliança com ela.

Is 55,6-11: Convite do Senhor para a conversão enquanto é tempo; a palavra do Senhor é como chuva que rega a terra e faz germinar a justiça.

Is 57,14-21: Salvação para os fracos.

Is 59: Salmo de penitência.

Is 62,1-5: Deus vai unir-se a seu povo para sempre, como um esposo com sua esposa.

Is 62,10-12: A salvação está chegando.

Is 65,1-3.17.24-25: Deus perdoará os pecados de seu povo e recriará a cidade na justiça.

Os 10,12-14a; 14,2-3: Erramos o caminho? Podemos voltar ao Senhor e pedir seu perdão.

Ml 3,1-7a: O Senhor virá para julgar. Mas nós estamos preparando este julgamento pelo que fazemos ou deixamos de fazer. Que esta nossa celebração seja um momento de escolha e de decisão!

Sl 25(24): Aqueles que confiam nele, o Senhor mostra o caminho a seguir e perdoa-lhes os pecados.

Sl 80(79): Vamos juntos pedir que Deus se lembre de seu povo que ele plantou como preciosa muda de parreira. Que ele venha visitá-la, trazendo salvação.

Sl 85(84): Preparando-nos para o Natal, imploremos a vinda do Senhor Jesus. Ele vem para perdoar. Ele vem para salvar.

Rm 13,8-14: Como vamos nos preparar para a vinda do Senhor?

1Cor 4,1-5: Mesmo se nossa consciência não nos acusa de nada, devemos nos preparar para o julgamento do Senhor Jesus no dia de sua vinda.

1Ts 5,1-24: Se não sabemos em que momento o Senhor vai chegar, é preciso que estejamos sempre preparados.

Tt 2,11-14: Quem está aguardando a vinda do Senhor não pode viver de qualquer jeito.

Ap 2,1-7; 2,12-17; 3,14-22 ou: *2,8-11; 2,18-29; 3,1-6; 3,7-13*: O Senhor interpela as Igrejas: como estão se preparando para a vinda dele?

Ap 21,1-12: Desde já, o novo mundo iniciado com a vinda de Jesus está aí; nossas comunidades devem ser um sinal vivo deste mundo novo, desta cidade santa que está sendo construída.

Mt 3,1-12; Lc 3,1-18: Preparando-nos para a vinda do Senhor, vamos prestar atenção à mensagem de João Batista.

Mt 24,1-13; Mc 13,24-36; Lc 21,25-36: No meio das dificuldades, perseguições e angústias é preciso perseverar até o fim, certos da vinda do Senhor.

Para a reunião da equipe

1) Não se esqueçam de combinar como serão feitas as celebrações nos quatro domingos do Advento.

2) Alguma sugestão para a celebração do Ofício Divino? Para os círculos bíblicos? Para a reza do terço? Para a oração em família?...

3) É preciso programar a novena:

a) Onde e como vamos formar os grupos de novena? Com que objetivo?

b) Quem serão os animadores ou coordenadores? Onde, como e quando irão se preparar para sua tarefa?

c) Que texto de novena vamos usar? Quantos exemplares é preciso adquirir?

d) Como, onde e quando serão o início e o encerramento da novena?

4) E preciso preparar as celebrações penitenciais: Onde? Quando? Como? Quem se responsabiliza?

2ª Parte

O TEMPO DO NATAL:

"HOJE NASCEU PARA VOCÊS UM SALVADOR"

"Hoje nasceu para vocês um Salvador, que é o Messias, o Senhor!" (Lc 2,11)

5

O NATAL DENTRO DO ANO LITÚRGICO

Natal quer dizer nascimento. É o dia em que os cristãos celebram o Natal de Nosso Senhor Jesus Cristo. Mas por que se escolheu o dia 25 de dezembro e quando esta festa começou a existir?

Muita gente pensa que Jesus nasceu realmente nesse dia e que, por isso, de ano em ano, os cristãos festejam o seu aniversário nessa data. E não foram só pessoas simples que acreditaram nisso. Vários pesquisadores também procuraram confirmar o 25 de dezembro como a data histórica do nascimento de Jesus. Contudo, tudo é muito duvidoso. Não temos nenhum registro de nascimento daquela época para comprovar, e a festa do Natal só passou a ser comemorada a partir do séc. IV.

O verdadeiro Sol invicto é Jesus

Por que, então, o 25 de dezembro? Há uma outra explicação mais aceita. É que naquela data festejava-se em Roma a festa do "Nascimento do Sol invicto". Ou, em latim: *Natale Solis invicti*. O Sol terminava o ciclo no qual passava pelo ponto mais afastado do Equador, quando, então, as noites são mais longas (Solstício de inverno; no hemisfério norte acontece em 22 ou 23 de dezembro). As noites ficando mais curtas e os dias mais longos,

— 53 —

davam a impressão de que o Sol "renascia". O Sol não morre nunca: ele é invicto, invencível; a noite e as trevas não podem acabar com ele. Daí, então, o nome da festa: nascimento do Sol invicto. O Sol representava uma divindade na crença dos romanos. Por isso, esta festa era para os romanos uma festa religiosa.

Como esta festa pode estar na origem do Natal cristão? Há duas suposições. Talvez se tenha criado uma festa cristã no dia da festa pagã, querendo combater o paganismo: afinal, o único Sol, a única luz invicta é Jesus Cristo. Ou, então, os cristãos aceitaram a festa como tal, cristianizando-a. De qualquer modo, houve uma aproximação entre a festa pagã que celebrava a vitória da luz sobre as trevas, do dia sobre a noite, e o simbolismo bíblico de Cristo como Luz do mundo. Vejam os *textos das missas de Natal,* alguns bem antigos (as coletas, por exemplo), outros mais novos (como a primeira leitura), *fazendo alusão a este simbolismo da luz*:

- "Ó Deus, que fizestes resplandecer esta noite santa com a claridade da verdadeira luz [...]" (coleta na missa da noite — "verdadeira" luz talvez para opor Cristo às divindades que não seriam verdadeiras).

- "Ó Deus onipotente, agora que a luz do vosso Verbo encarnado invade o nosso coração, fazei que manifestemos em ações o que brilha pela fé em nossa mente" (coleta da missa da aurora).

- "O povo que caminhava nas trevas viu uma grande luz [...]" (primeira leitura, missa da noite).

- "Hoje surgiu a luz para o mundo: o Senhor nasceu para nós!" (antífona de entrada, missa da aurora).

- "Quando o vosso Filho se fez homem, nova luz da vossa glória brilhou para nós, para que, vendo a Deus com nossos olhos, aprendêssemos a amar o que não vemos" (prefácio I).

- "Um dia sagrado raiou para nós. Vinde, nações, adorar o Senhor: grande luz desceu hoje sobre a terra. Aleluia" (aclamação ao evangelho, missa do dia).

• "Na Palavra existia a vida e a vida era a luz dos homens. E a luz brilha na escuridão, e a escuridão não recebeu a luz. A luz verdadeira, aquela que ilumina todo homem, estava chegando ao mundo" (evangelho, missa do dia).

Festa da Epifania (Manifestação) do Senhor

Enquanto em Roma se celebrava a festa do nascimento de Cristo no dia 25 de dezembro, no Oriente — e, talvez por influência deste, também na Gália (atual França) e na Espanha — celebrava-se uma festa no dia 6 de janeiro: a festa da Epifania (quer dizer, manifestação) do Senhor. Variando conforme as regiões, celebrava-se a manifestação do Senhor no seu nascimento, nas bodas de Caná e no seu batismo. Esta festa é, provavelmente, anterior à festa do Natal no dia 25 de dezembro, e celebrava o nascimento de Jesus e a visita dos magos. A Igreja de Roma acabou adotando a festa da Epifania, colocando neste dia a atenção na visita dos magos. Para celebrar o batismo de Nosso Senhor foi criada outra festa, no domingo seguinte. Quanto às bodas de Caná: no atual Missal e Lecionário, só constam como evangelho do 2º domingo do ano C.

Uma lição tirada da história

Iríamos longe demais se fôssemos lembrar a história da festa do Natal e da Epifania também em outros lugares do mundo. Mas o estudo histórico dessas festas nos ensina algo importante. A liturgia é muito viva e dinâmica na vida da Igreja. Festas são criadas e recriadas, adaptadas em cada época, em cada povo. Procura-se expressar o conteúdo invariável do evangelho em formas celebrativas bem variadas, de acordo com a vida e a cultura de cada povo. Até mesmo símbolos de celebrações pagãs são cristianizados e introduzidos na liturgia cristã. E isso deve valer também para nossa época. A constituição conciliar sobre a Sagrada Liturgia afirma: "A Igreja não deseja impor na Liturgia uma forma rígida e única para aquelas coisas que não dizem respeito à fé ou ao bem de toda a comunidade.

Antes, cultiva e desenvolve as conquistas e os dotes de espírito das várias nações e povos [...]. Salva a unidade substancial do rito romano, dá lugar a legítimas variações e adaptações para os diversos grupos, regiões e povos [...]" (SC, nn. 37 e 38). A SC reserva à autoridade eclesiástica (o bispo, a conferência episcopal, a Santa Sé) o direito de adaptações profundas. Mas todos podemos contribuir com sugestões e também com pequenas adaptações que não atinjam o essencial da liturgia. Como seria uma liturgia de Natal romano-brasileira, adaptada até mesmo ao clima? No hemisfério norte, o Natal é no coração do inverno. O pinheiro, a famosa árvore de Natal, é a única que permanece verde; por isso, tornou-se símbolo de vida. As velas e as luzes acesas trazem aconchego e contrastam com a escuridão do inverno. Mas aqui no hemisfério sul, Natal é verão, Natal é calor, é luz... Que sinais e símbolos combinariam melhor para expressar o nascimento e a manifestação do Filho de Deus entre nós?

O Natal nos livros litúrgicos

Até agora falamos um pouco sobre a parte histórica da festa do Natal. Vamos ver, então, como é o tempo do Natal nos atuais livros litúrgicos.

1) No tempo do Natal celebramos "a memória do nascimento do Senhor e suas primeiras manifestações" (NALC, n. 32). Começa com a oração da tarde na véspera de Natal e termina com o domingo depois do dia 6 de janeiro. É um tempo festivo e alegre. As principais festas que ocorrem neste tempo são as seguintes: as três festas tradicionais da manifestação do Senhor: Natal, Epifania, Batismo de Nosso Senhor Jesus Cristo:

- *Natal* (25 de dezembro): celebração do nascimento de Jesus, sua manifestação em nossa natureza humana e a nova vida que recebemos por meio dele;

- *Epifania* (6 de janeiro ou — como aqui no Brasil — no domingo entre 2 e 8 de janeiro): celebração da manifestação de Jesus às nações não-judias, representadas na figura dos magos que vieram do Oriente; popularmente costuma-se chamar esta festa de "Dia de Reis";

- *Batismo de Nosso Senhor Jesus Cristo* (no domingo depois do dia 6 de janeiro ou na segunda-feira seguinte, caso o domingo seja ocupado com a festa da Epifania): manifestação de Jesus, no rio Jordão, como Filho de Deus; investidura de Jesus como Rei-Messias.

2) No dia *1º de janeiro,* ou seja, no oitavo dia depois do Natal, festejamos a *Santa Mãe de Deus*, Maria. Lembramos a circuncisão do Menino, ocasião na qual recebeu o nome de Jesus, que significa "Deus Salvador", "Deus salva", "Deus ajuda".

3) No domingo depois do Natal (ou no dia 31 de dezembro, caso o Natal e o dia 1º de janeiro caiam no domingo) celebra-se a *festa da Sagrada Família*. É uma festa bem recente: começou a existir somente em 1893, inicialmente no 3º domingo depois da Epifania. É uma festa mais devocional.

4) O tempo do Natal é dividido em dois momentos: antes e depois da festa da Epifania.

5) Nem sempre o calendário popular coincide com o oficial. A festa da Epifania, por exemplo, é celebrada no calendário oficial da Igreja Católica no Brasil no domingo mais próximo ao dia 6 de janeiro. No calendário popular, no entanto, esta festa é conhecida como "Santos Reis" ou "Dia de Reis".

Para a reunião da equipe

1) Como é o tempo do Natal na prática popular de sua região? Que festas são celebradas? Em que data? O que se comemora nestes dias? Como é feita esta celebração? Que sinais e símbolos, gestos, orações e cantos se usam?

2) De tudo isto, o que poderia ser aproveitado nas liturgias do tempo do Natal?

6

"TU ÉS MEU FILHO AMADO; EU, HOJE, TE GEREI"

Uma criança deitada numa singela manjedoura, os bracinhos abertos, sorrindo... É perigoso reduzir o Natal a isso. É perigoso reduzir o Natal a um aniversário de Jesus. Há gente que até canta "parabéns a você"!

Se lembrarmos o que foi dito a respeito do Advento, então, Natal torna-se de repente uma festa mais "séria". Natal, Advento, Epifania: trata-se no fundo do *Adventus*, da vinda, da tomada de posse de Cristo, de sua investidura como Rei-Messias. Não é à toa que a liturgia do tempo do Natal faz uso dos *salmos do Reino*:

- Sl 96(95) (missa da noite): "[...] O céu se rejubile e a terra exulte, aplauda o mar com o que vive em suas águas; os campos com seus frutos rejubilem e exultem as florestas e as matas, na presença do Senhor, pois ele vem; porque vem para julgar a terra inteira. Governará o mundo todo com justiça e os povos julgará com lealdade".

- Sl 97(96) (missa da aurora): "Deus é Rei! Exulte a terra de alegria [...]; todos os povos podem ver a sua glória. Uma luz se levanta para os justos, e a alegria para os retos corações [...]".

• Sl 98(97) (missa do dia): "Cantai salmos ao som da harpa e da cítara suave! Aclamai com os clarins e as trombetas ao Senhor, o nosso Rei!" (ou, na adaptação de frei Fontanella: "Ante a face de Deus alegrai-vos; ele vem para nos governar. Guiará com justiça os povos, na harmonia e na paz as nações [...]" — ODC, p. 128).

O Rei nasceu

Naquela criança indefesa, nossa fé reconhece o Filho de Deus, o Messias-Salvador, o Rei das Nações que recebe do Pai todo o poder para implantar o seu Reino. Natal é festa messiânica. É por isso que os anjos dizem aos pastores: "Nasceu para vocês um Salvador, que é o Messias, o Senhor". É por isso que os magos vêm de tão longe: procuram o recém-nascido Rei dos judeus. No batismo de Jesus no rio Jordão, o Espírito desce sobre Jesus, ungindo-o como Messias, enquanto o Pai o confirma em sua missão de Rei-Salvador: "Tu és meu Filho amado, eu, hoje, te gerei".[1]

A favor dos pobres

A maneira de sua chegada já indica o estilo e o objetivo de seu governo: não vem como um general, nem com exército e poderio militar; não vem de gravata e carro de chapa branca. Vem como uma criança de uma família pobre, nasce numa singela manjedoura, longe dos centros do poder e do saber. Quer ser um "Rei" de pobres, a favor dos pobres. Um rei de paz

---

[1] Há duas maneiras possíveis de se traduzir Lc 3,22. A primeira: "Tu és meu Filho amado, em ti encontro a minha complacência" (ou: meu bem-querer), que se iguala à versão de Mateus e de Marcos, fazendo alusão ao Cântico do Servo, em Is 42. A segunda: "Tu és meu Filho amado; eu, hoje, te gerei", que apresenta Jesus como o Rei-Messias do Sl 2, que vem estabelecer o Reino de Deus no mundo. Confiram a nota na Bíblia de Jerusalém.

e de justiça. Por isso, é aos pobres que é anunciada a Boa Notícia: "Nasceu para vocês, hoje, um Salvador, que é o Messias, o Senhor!" Também o prefácio da festa do Batismo fala sobre isso: "[...] pelo Espírito Santo [...] fizestes saber que o vosso servo Jesus foi ungido com o óleo da alegria e enviado para evangelizar os pobres". Ou seja, foi enviado para proclamar a Boa-Nova da chegada do Reino a favor deles. Esta é a grande novidade do evangelho de Jesus Cristo que estamos redescobrindo hoje, e que exige uma reviravolta na maneira de organizarmos nossa vida, nossa sociedade, nosso mundo. Esta mensagem não é nenhuma notícia boa para Herodes e para os que vivem na mordomia de seu palácio: "Ao saber disso, Herodes ficou alarmado, assim como toda a cidade de Jerusalém" (evangelho da Epifania). E é por isso que muitos preferem ver apenas uma criança bonitinha, indefesa, inofensiva, que desperta nossas emoções e nossa caridade fácil e superficial. É mais cômodo distribuir uma vez por ano caminhões de brinquedos, cestas de Natal, almoço para os pobres, dar indulto de Natal aos presos..., do que deixar que a revolucionária mensagem do Menino de Belém venha mexer com nossas estruturas pessoais, sociais e políticas. Também para os pobres é mais fácil aceitar passivamente esses "benefícios" do que atender ao convite dos anjos e ir à procura do Salvador, seguindo-o. Até à cruz, se for preciso.

Belém, bem perto de nós

Natal! Cristo nasceu. Há dois mil anos. Renasce a cada Natal, na celebração litúrgica, naqueles que aceitam sua mensagem do Reino. Renasce a cada dia naqueles que, acreditando em seu evangelho, procuram viver de acordo com ele. Onde é que, hoje, os anjos cantam "Glória a Deus nas alturas e paz na terra aos homens por ele amados"? Onde é Belém? Onde estão os pastores? Onde brilha a estrela do novo Rei? Onde ele se manifesta às nações?

Muitos, mas muitos mesmo, estão encontrando tudo isso, todo dia, nas comunidades de base, nas organizações de bairro, nos clubes de mães, nos movimentos de mulheres, no sindicato dos trabalhadores do campo e da cidade; entre os doentes, entre a população que vive debaixo dos viadutos e nas ruas das cidades; entre os marginalizados; na organização solidária dos desempregados, nas ONG's, entre os sem-terra e sem-casa; naqueles que lutam por uma justa divisão de bens, de terras, por um salário justo, por uma nova ordem econômica... Até pouco tempo atrás, os cristãos viviam sua fé somente no culto, na igreja ou na vida privada. Agora redescobriram o alcance universal da Epifania: o Filho de Deus se manifesta a todos, aproxima-se dos que estavam mais afastados, nasce no meio dos mais marginalizados, no meio dos excluídos, e recebe aí a missão messiânica do Pai.

Nascem os filhos de Deus

Natal não é só lembrança do nascimento de Jesus há dois mil anos. É o nosso nascimento para o seu Reino. Tendo em vista que estamos nos unindo cada vez mais a Jesus Cristo, é também a nós que são dirigidas as palavras do Pai: "Tu és meu Filho amado; eu, hoje, te gerei". "Eu, o Senhor, te chamei com justiça e te peguei pela mão e te formei e te destinei para seres aliança com o povo e luz das nações; para abrires os olhos aos cegos, tirares da cadeia os presos e do cárcere os que moram na escuridão" (primeira leitura, Batismo do Senhor).

Somos transformados, feitos "pessoas novas", "divinizadas". Somos enviados em missão messiânica, salvadora, libertadora. Descobrimos o mistério profundo de nossa vocação. É o que nos dizem também os seguintes textos:

- "[...] dai-nos participar da divindade daquele que uniu a vós nossa humanidade [...]" (oração sobre as oferendas; missa da noite).
- "[...] dai-nos a graça de aprofundar nossa fé em tão grande mistério e crescer cada vez mais em seu amor" (oração depois da comunhão; missa da aurora).
- "[...] que o Salvador do mundo hoje nascido, como nos fez nascer para a vida divina, conceda-nos também sua imortalidade" (oração depois da comunhão; missa do dia).

- "[...] concedei aos vossos filhos adotivos, renascidos da água e do Espírito Santo, perseverar constantemente em vosso amor". Ou: "Concedei que, reconhecendo sua humanidade semelhante à nossa, sejamos interiormente transformados por ele" (coleta; festa do Batismo do Senhor).

- "[...] dai-nos a graça de ouvir fielmente o vosso Filho amado, para que, chamados filhos de Deus, nós o sejamos de fato" (oração depois da comunhão, festa do Batismo do Senhor).

Natal é hoje

Não basta ser chamado de filho ou filha; os fatos de nossa vida devem confirmar isso. A cada celebração do tempo do Natal, o Pai confirma que somos seus filhos, com a missão de fazer crescer o Reino; mas ele depende de nossa resposta, de nossa adesão. A cada celebração nós nos colocamos à disposição do Pai. Renascemos para o Reino. É Natal. "Tu és meu filho amado; eu, hoje, te gerei!"

"Hoje!" Essa é a palavra-chave para entendermos a celebração litúrgica. O passado torna-se presente e o presente já carrega dentro de si o futuro. Belém é aqui e agora na comunidade que procura, acolhe e adora Jesus. O Jordão é aqui e agora na comunidade que crê no Filho-Messias e aceita continuar sua missão, hoje. A fé nos faz acreditar no resultado final: "Todas as nações o adorarão"; "Seu Reino será baseado no direito e na justiça"; "Libertará o indigente que suplica e o pobre ao qual ninguém quer ajudar; A vida dos humildes salvará!" — Sl 72(71)

Para a reunião da equipe

1) No tempo do Natal do ano passado (ou dos anos anteriores), qual foi a mensagem mais evidenciada?

2) Qual poderia ser a mensagem do tempo do Natal para nossa paróquia ou comunidade, este ano? Por quê? O que queremos celebrar?

7

COMO CELEBRAR O NATAL

a) Uma vigília antes da meia-noite

Em muitos lugares, já existe o costume de se fazer, antes da meia-noite do Natal, uma vigília, antes da missa, como uma forma de celebração da Palavra. A SC, no número 35, prevê este tipo de celebração litúrgica: "Incentive-se a celebração sagrada da Palavra de Deus nas vigílias das festas mais solenes". O ofício das leituras da Liturgia das Horas ou a vigília do *Ofício Divino das Comunidades* para a festa de Natal (ODC, pp. 505-507), prestam-se bem para esta ocasião, se forem adaptados ao grupo reunido.

Além do fato de que Deus sempre merece o nosso louvor, há pelo menos três motivos pastorais para se fazer esta vigília:

a) O povo gosta de se reunir no Natal, principalmente os mais pobres. Os ricos e a classe média têm suas ceias; querem uma missa bonita, mas não muito longa. O mais importante para eles é a família. (E a equipe poderia sugerir uma oração de Natal em família, com a participação de todos, e oferecer um texto para isso.) Para os mais pobres, a família é a comunidade. Não têm pressa para chegar em casa, porque não há ceia. Só haverá um almoçozinho mais caprichado no dia seguinte. Mas, mesmo no centro e nos bairros mais abastados, há sempre algumas pessoas que gostam de comemorar o Natal com uma celebração "diferente".

b) É um momento de meditação e aprofundamento do verdadeiro sentido do Natal, no qual podem ser usados recursos como cantos, leituras bíblicas, dramatizações, meditações, momentos de silêncio e oração.

c) Pode-se deixar ampla liberdade para o povo homenagear o Menino-Deus no presépio, à sua maneira, de acordo com o jeito próprio de cada região: com pastores e pastorinhas, com Folia de Reis,[1] com presépio vivo, com poesias, danças, encenações, cantos populares. O povo fica mais à vontade, participa mais. (Por mais esforço que se faça para o povo participar da missa, séculos e séculos de separação entre clero e povo fazem com que o povo ainda se retraia na missa; sinta-a como algo "do padre".)

Numa tentativa de se acabar com esta separação, algumas comunidades que não possuem padre já não fazem distinção entre as práticas populares e a liturgia "oficial" do Natal: realizam uma única grande celebração em que elementos da piedade popular se entrosam com elementos da celebração da Palavra (leituras bíblicas, salmos, preces...). O ponto alto é a liturgia eucarística ou, na falta desta, a celebração da Palavra, possivelmente com distribuição da comunhão eucarística, ou refeição fraterna em memória de Jesus.

Geralmente, a vigília faz-se em torno do presépio. São destacados a estrela, Maria, José, os pastores e, sobretudo, o Menino Jesus. Mas pode-se destacar também a Bíblia, mostrando como o Cristo que nasce em Belém vem se inserir na longa caminhada do povo eleito. Hoje ele continua caminhando conosco. É necessário que se faça a ligação entre o Natal e a realidade atual. Nós podemos dizer que Jesus já nasceu em nosso meio? Quais os sinais desse nascimento? Vamos lembrar fatos ocorridos na vida da comuni-

---

[1] Em seu livro *Memória do Sagrado: estudos de religião e ritual* (Paulus, 1985, capítulo III: Em nome de Santos Reis), Carlos Rodrigues Brandão alerta-nos sobre uma certa maneira de cativar os participantes da Folia dos Reis, usando-os a serviço da pastoral. A nossa proposta é feita no sentido de abrir um espaço para as práticas populares, sem interferir em sua maneira de ser e se organizar.

dade ou no bairro e na região. Vamos usar jornais, cartazes, fotografias, testemunhos de pessoas que viram, ouviram e participaram. A noite é de festa e de louvor a Deus. Vamos dar graças por tudo o que ele já realizou entre nós! Vamos agradecer pela união entre nós, que é também um sinal de sua presença.

b) Missa do Natal e celebração da Palavra

A ceia do Senhor é o sinal máximo de sua presença entre nós. A chamada "missa do galo" costuma começar à meia-noite. Há outros três textos de missa previstos de acordo com o horário em que for celebrada: a missa vespertina da vigília (na tarde do dia 24); a missa da aurora (de madrugada); a missa do dia (em qualquer horário durante o dia). Normalmente são usadas leituras próprias para cada horário de missa, mas pode-se também escolher as leituras mais adequadas de uma das três missas, se isto for de maior proveito pastoral.

No início, no século IV, havia uma única missa, que era celebrada às 9 horas. Foi somente no século IX que se começou a celebrar outra missa à meia-noite na Basílica de Santa Maria Maior, onde havia uma capela subterrânea, à imitação da gruta da Natividade em Belém.[2]

Muitas comunidades ficam sem missa nesse dia tão importante, enquanto em algumas paróquias celebram-se às vezes três, quatro ou mais missas. Não seria o caso de repartir melhor o serviço dos padres? Por que não celebrar uma única missa no centro e liberar o padre para que possa celebrar na periferia e na zona rural? Mesmo assim, a maioria das comunidades não deixará de celebrar esse dia tão importante com um Ofício Divino, uma celebração da Palavra, uma confraternização... Vejam roteiro e textos em DS1.

Natal é um dia festivo. Um dia diferente de todos os outros dias do ano. De que maneira isso aparecerá na celebração? Vamos destacar alguns pontos. Cada comunidade poderá criar outros:

---

[2] ADAM, Adolf. *O ano litúrgico*. São Paulo, Paulus, 1982. p. 125.

★ *O presépio.* Em alguns lugares constrói-se uma verdadeira gruta ou barraco, ou um casebre de sapé. Já em outros, só é colocada a manjedoura, perto do altar, por exemplo. Contudo, é recomendável não o colocar em cima do altar, por dois motivos: 1) o altar em si já é um sinal de Cristo; não convém que seja desvalorizado usando-o como se fosse um suporte ou mesa qualquer; 2) a manjedoura tiraria a visibilidade de outro sinal do Cristo vivo no meio de nós: o pão e o vinho.

★ *Alguns quadros ou painéis.* Em vez do presépio, podem-se colocar também *quadros ou painéis,* representando o mistério do Natal.

★ *Algumas flores, folhagens, luzes ou uma estrela.* Elas ajudam a compor o ar festivo.

★ *As cores das vestes litúrgicas.* Normalmente, é o branco, porém, talvez seja bom lembrar que nos dias festivos a IGMR n. 309 prevê o uso de "vestes litúrgicas mais nobres, mesmo que não sejam da cor do dia". Não seria o caso de se usar vestes festivas, estampadas, coloridas?

★ *A procissão de entrada com a imagem do Menino Jesus.* A equipe de celebração entra com a cruz, velas, a Bíblia, o Menino Jesus etc. Outras pessoas representando determinados grupos da comunidade ou paróquia também poderão fazer parte do cortejo com o Menino (por exemplo, os coordenadores da novena do Natal). Em alguns lugares é o padre quem carrega o Menino Jesus; em outros, é um casal, ou uma pessoa escolhida pelos grupos de novena, significando o esforço que foi feito para que o Cristo pudesse nascer na comunidade.

★ *A saudação.* Por que não fazer uma saudação semelhante à dos anjos aos pastores? Por exemplo: "Irmãos, hoje nasceu para vocês um Salvador, que é o Messias, o Senhor. Sua graça e sua paz estejam com todos aqui presentes". E o povo poderia responder, louvando a Deus com o "Glória", que deve ser particularmente festivo neste dia.

★ *As leituras.* Se possível, devem ser proclamadas de tal modo que ninguém precise acompanhá-las com o texto em mãos. No final do evangelho da noite, após a resposta "Palavra da Salvação", poder-se-ia cantar uma aclamação festiva, por exemplo, repetindo o "Aleluia", ou reservando o canto do "Glória" para esse momento.

QUADRO DAS LEITURAS BÍBLICAS PARA A FESTA DO NATAL:				
NATAL	1ª LEITURA	SALMO	2ª LEITURA	EVANGELHO
Vigília	Is 62,1-5	89(88)	At 13,16-17.22-25	Mt 1,1-25
Noite	Is 9,2-4.6-7	96(95)	Tt 2,11-14	Lc 2,1-14
Aurora	Is 62,11-12	97(96)	Tt 3,4-7	Lc 2,15-20
Dia	Is 52,7-10	98(97)	Hb 1,1-6	Jo 1,1-18

★ *A homilia.* Principalmente em dias de festa como esta, a homilia deve ser breve (no máximo dez minutos); a não ser que seja dialogada com a assembléia, que abra espaço para testemunhos (por exemplo, dos grupos de novena), ou encenações.

★ *A profissão de fé (Creio).* O "símbolo de Nicéia-Constantinopla" é mais extenso que o "símbolo apostólico" que se costuma usar todos os domingos. No Natal, como em outros dias festivos, é interessante usar o primeiro, que fala mais sobre a encarnação do Filho de Deus: "Creio em um só Senhor, Jesus Cristo, Filho Unigênito do Pai, nascido do Pai antes de todos os séculos: Deus de Deus, luz de luz, Deus verdadeiro de Deus verdadeiro; gerado, não criado, consubstancial ao Pai. Por ele todas as coisas foram feitas. E por nós, homens, e para nossa salvação, desceu dos céus; e se encarnou pelo Espírito Santo, no seio da virgem Maria, e se fez homem[...]". Durante as palavras "e se encarnou", todos se ajoelham em sinal de adoração.

★ *A oração eucarística.* Há três prefácios à escolha; use-se uma oração eucarística sem prefácio próprio. Em HIN1, pp. 53 e 73-74, encontramos três partituras para o prefácio (ou louvação) cantado.

A oração eucarística I (ou Cânon Romano) é um pouco mais longa, mas tem a vantagem de oferecer uma parte própria para o Natal: "Em comunhão com toda a Igreja, celebramos o dia santo (a noite santa) em que a Virgem Maria deu ao mundo o Salvador. Veneramos também a mesma Virgem Maria e seu esposo são José".

★ *O estilo da celebração*. Cristo nasceu em Belém. Veio para anunciar a boa-nova aos pobres. Nunca ostentou-se nem impôs sua vontade, ou deixou de servir. Quanto mais simples e despojadas, serviçais e fraternas forem nossas liturgias, mais estarão dando a correta imagem de Jesus. Isso vale para o ano todo, mas principalmente para o Natal. Devemos evitar toda pompa, toda ostentação que possa dar uma impressão contrária à do evangelho.

★ *Os cantos*. Nem todo canto de Natal é apropriado para a liturgia. De preferência, deve ser de inspiração bíblica, expressar o sentido do Natal, da vinda do Filho de Deus em nossa humanidade e de nosso nascimento para o Reino. E, sobretudo, é preciso levar em conta que cada canto deve combinar com o momento da celebração, para aí exercer sua função ritual. Uma aclamação ao evangelho, por exemplo, ou um salmo de resposta, ou um canto de comunhão, não devem ser substituídos por um canto qualquer.

Para formar o quadro de cantos para as missas do Natal, vejam: HIN1, pp. S. 51-52.

★ *A bênção final*. O texto para uma bênção específica para esse dia encontra-se no Missal.

★ *A confraternização após a celebração*. Normalmente é feita com um cafezinho, um suco, ou uma ceia comunitária (cada um traz um prato e compartilha-se a refeição, entre cantos, conversa, dança etc.).

c) Ofício Divino (Liturgia das Horas)

Além da vigília de Natal, podemos estender a alegria do louvor a Deus que se fez um de nós com outros ofícios, principalmente de manhã e à tarde, não somente na festa, mas ao longo de todo o tempo do Natal. Vejam: ODC, pp. 505-525.

d) Alguns lembretes e sugestões para o tempo do Natal

- Cor litúrgica: branco.
- Símbolos característicos no tempo do Natal: luz (velas), estrela.[3]
- Sobre o sentido de cantar o Natal, vejam HIN1, pp. II e III.
- Salmos característicos do Natal: Sl 2: *Tu és meu filho, hoje te gerei...*; Sl 110(109): *Desde o seio da aurora eu hoje te gerei...*; Sl 19(18): *O noivo sai do quarto nupcial...*; Sl 24(23): *Portões antigos, se escancarem, vai chegar o rei de glória...*; Sl 45(44): *És o mais belo dos filhos dos homens...*; Sl 48(47): *Ó Deus, nós recebemos tua misericórdia no meio de teu templo...*; Sl 98(97): *O Senhor deu a conhecer a salvação, revelou sua justiça aos olhos das nações...*; Sl 149: *O Senhor ama o seu povo, coroa os humildes com vitória.*
- Cântico bíblico característico: *A luz resplandeceu* (Jo 1,1-18) HIN1, p. 47.
- Alguns outros cantos característicos:
  → *Bendito e louvado seja o Menino Deus nascido...* HIN1, p. S. 25; ODC, p. 302.
  → *Celebremos com alegria...* HIN1, p. 63; ODC, p. 305.
  → *Cristãos, vinde todos...* HIN1, p. 65; ODC, p. 304.
  → *Da cepa brotou a rama...* HIN1, p. 36.
  → *Desde o raiar da aurora...* ODC, p. 308.
  → *Excelso Verbo redentor...* ODC, p. 300.
  → *Foi nesta noite venturosa...* ODC, p. 305.
  → *Glória a Deus nas alturas...* HIN3, pp. 91-97 e 99-102.
  → *Já raiou a barra do dia...* ODC, p. 311.
  → *Manuel, tão galante era o menino...* ODC, p. 311.
  → *Nasceu a flor formosa...* HIN1, p. 79; ODC, p. 306.
  → *Nasceu-nos um Menino...* HIN1, p. 81; ODC, p. 306.

---

[3] Cf. BUYST, Ione. *Celebrar com símbolos*. 2. ed. São Paulo, Paulinas, 2002. pp. 87-88.

→ *Noite feliz...* HIN1, p. 83.

→ *Ó Deus, salve o oratório* (Cálix bento)... ODC, 313.

→ *O que era noite tornou-se dia...* ODC, p. 310.

→ *Ó Redentor do mundo...* ODC, p. 307.

→ *Vamos a Belém...* HIN1, p. 87; ODC, 307.

→ *Vinde, cristãos, vinde à porfia...* HIN1, p. 90; ODC, p. 303.

• Responsos e refrões contemplativos: ODC, pp. 436-437; ODC Suplemento 1, nn. 24 e 36; Taizé 15 e 51.

Para a reunião da equipe

1) É importante que todos os grupos da comunidade ou paróquia sejam envolvidos e possam colaborar na festa do Natal. Como vamos repartir as tarefas?

2) Como será o presépio? Apresentará algum problema local (de moradia, p. ex.)? Quem irá fazê-lo? Em que lugar?

3) Quem ficará responsável pelo som? Pelas luzes? Pela limpeza e ornamentação do local?

4) Vamos fazer uma vigília? Como? Quem vai preparar?

5) É preciso escolher as leituras, os outros textos da missa, os cantos. É preciso preparar os comentários, as preces etc.

6) Como será a procissão de entrada com o Menino Jesus? Quem vamos convidar para carregar o Menino Jesus? Quem mais deve acompanhar a procissão? Por quê?

7) Haverá alguma participação especial das crianças? Dos jovens? De outros grupos? Por quê? Como?

8) Haverá confraternização após a celebração? Onde? Como? Quem organiza? Ou a equipe preparará uma sugestão para a oração em família na noite de Natal (com cantos, encenações, jogral, texto bíblico, oração)?

8

COMO CELEBRAR AS OUTRAS FESTAS DO TEMPO DO NATAL

a) Festa da Sagrada Família: Jesus, Maria, José

A Sagrada Família é colocada como exemplo para nossas famílias. Portanto, é um dia para darmos atenção especial às famílias. Por exemplo: uma ou várias famílias participam da procissão de entrada, das preces dos fiéis, da procissão com as oferendas; algumas famílias podem ficar atrás do altar, junto com o padre, durante a liturgia eucarística; alguns pais e filhos podem dar testemunho durante a homilia; uma bênção para a família pode ser dada no final da missa.

Mas a atenção dada à família não deve ofuscar o centro de nossa celebração, que é Jesus Cristo, o Messias. Ele veio relacionar a família humana e a "família" divina. Na pessoa dele, Deus e a humanidade estão unidos para sempre. Assim o exprime o terceiro prefácio do Natal: "Por ele realizou-se neste dia o maravilhoso encontro que nos faz renascer, pois, enquanto o vosso Filho assume a nossa fraqueza, a natureza humana recebe uma incomparável dignidade; torna-se de tal modo um de nós que nos tornamos eternos".

As leituras bíblicas indicadas para esta festa são:

1ª LEITURA	SALMO	2ª LEITURA	EVANGELHO
Eclo 3,3-7.14-17a	Ano A: 128(127)	Cl 3,12-21	Ano A: Mt 2,13-15. 19-23
	Ano B: 105(104)		Ano B: Lc 2,22-40
	Ano C: 84(83)		Ano C: Lc 2,41-52

Para os cantos, vejam HIN1, p. S. 52.

Para as celebrações sem a presença de padre, vejam roteiro e textos em DS1.

Para o Ofício Divino (vigília, ofício da manhã e da tarde), vejam ODC, pp. 505-511.

b) Solenidade da Santa Mãe de Deus: Maria

No oitavo dia depois do Natal, celebramos a festa de Maria, Mãe de Deus. O evangelho lembra a circuncisão de Jesus, quando recebeu o nome Jesus, que indica a sua missão: é Deus que vem salvar. A primeira leitura foi escolhida porque relata a bênção dirigida ao povo de Deus, invocando o nome do Senhor. Também o salmo se refere à bênção que Deus dá a seu povo. A segunda leitura nos convida a fazer tudo em nome do Senhor Jesus:

1ª LEITURA	SALMO	2ª LEITURA	EVANGELHO
Nm 6,22-27	67(66)	Gl 4,4-7	Lc 2,16-21

Para os cantos, vejam HIN1, p. S. 52.

Refrão meditativo: *Aleluia, Deus te salve, Mãe do Filho do Altíssimo Senhor...*: ODC, Suplemento 1, n. 51.

Embora o Ano Litúrgico seja independente do ano civil, é difícil não lembrar que hoje é "Ano-Novo". É também "Dia Mundial da Paz"; o papa costuma fazer um pronunciamento sobre este assunto.

Como encaixar tudo isso numa celebração só, dando o devido lugar a cada coisa?

- O canto de entrada, o canto final, a homilia e a introdução à liturgia eucarística devem focalizar o mistério litúrgico do dia, retomando a segunda leitura e o evangelho, e eventualmente outros textos da missa como as orações, ou o prefácio (de Natal).

- O rito penitencial, as preces e a bênção final (ver o texto especial no Missal) poderão estar centralizados no Ano-Novo, juntamente com a primeira leitura que fala da bênção de Deus a seu povo.

- O Dia Mundial da Paz poderá ser lembrado na homilia (dando um breve resumo da mensagem do papa), nas preces e no abraço da paz, lembrando que é preciso nos comprometermos na construção da paz.

- Para as celebrações sem a presença de padre, vejam roteiro e textos em DS1.

- Ofício Divino: ofício da manhã e da tarde, ODC, pp. 505-511; vigília do Ano-Novo, pp. 512-514.

c) Epifania do Senhor

- A estrela que guiou os magos até Belém pode ser usada como símbolo para a nossa própria busca, vocação e missão: a estrela deve brilhar de modo bem visível na celebração. Talvez possa encabeçar a procissão de entrada? Ou, então, crianças ou jovens entregam pequenas estrelas a todos os presentes, com uma mensagem da liturgia do dia (no início da celebração, ou no final da homilia, ou no final da celebração).

- A vinda dos magos simboliza o universalismo do evangelho de Jesus: todos os povos são chamados. Se a novena do Natal foi feita com pessoas afastadas da Igreja, este pode ser um dia significativo para convidá-las a esta celebração, dando uma atenção especial a esses possíveis futuros participantes da comunidade ou paróquia. Pode ser ao mesmo tempo um motivo para dar continuidade a esses grupos. (O convite poderá ser em forma de estrela!)

- Nas regiões em que ainda existe Folia de Reis ou outros grupos semelhantes, provavelmente serão convidados para prestar sua homenagem ao Menino-Deus, antes da celebração, no início ou depois dela.

As leituras do dia:

1ª LEITURA	SALMO	2ª LEITURA	EVANGELHO
Is 60,1-6	72(71)	Ef 3,2-3a.5-6	Mt 2,1-2

O Missal prevê uma bênção especial para esse dia.

Sobre o sentido de cantar a epifania, vejam HIN1 p. III e IV.

Para os cantos, vejam HIN1, p. S. 53.

Salmo característico da Epifania: Sl 72(71).

Outros cantos característicos:

- *Vimos sua estrela...* HIN1, p. 89; ODC, p. 309.
- *Por que, Herodes, temes...* ODC, p. 309.
- *Deus te salve, Deus menino...* ODC, p. 303.
- *Os devotos do Divino...* ODC, p. 312.

Para as celebrações sem padre, vejam roteiro e textos em DS1.

Ofício Divino (vigília, ofício da manhã e da tarde): ODC, pp. 518-525.

d) Batismo do Senhor

- Na entrada da igreja, ou no presbitério, um painel representando o Batismo de Jesus no rio Jordão pode nos ajudar a nos concentrar no aspecto do mistério pascal celebrado hoje.

- No lugar do rito penitencial, faça-se a aspersão dominical com água, lembrando o nosso próprio batismo, pelo qual começamos a participar da missão messiânica do filho. (Vejam o texto no missal.)

As leituras do dia:

1ª LEITURA	SALMO	2ª LEITURA	EVANGELHO
Is 42,1-4.6-7	Ano A: 29(28)	At 10,34-38	Ano A: Mt 3,13-17
	Ano B: Is 12,2-6		Ano B: Mc 1,6b-11
	Ano C: 104(103)		Ano C: Lc 3,15-16.21-22

• Para os cantos da celebração eucarística ou celebração da Palavra, vejam: HIN1, p. S. 54.

• Em vez de fazer uma aspersão com água nos ritos iniciais, pode-se também convidar as pessoas, após a homilia, para que venham até a pia batismal, molhem a mão na água e façam o sinal-da-cruz, lembrando a missão messiânica que Deus lhes confia e que aceitam: "Tu és meu Filho; eu, hoje, te gerei!"

• Canto característico: *Nas águas do rio Jordão...* ODC, p. 313.

• Para as celebrações sem padre, vejam roteiro e textos em DS1.

• Ofício Divino (vigília, ofício da manhã e da tarde): ODC, pp. 518-525.

Para a reunião da equipe

1) *Se possível, organizem uma equipe de celebração diferente para cada festa do tempo do Natal: uma para a Sagrada Família, outra para o dia 1º de janeiro, outra para a Epifania, outra para o Batismo do Senhor. Assim, as equipes de sempre poderão descansar um pouco e dar-se-á oportunidade para outras pessoas atuarem. Evidentemente, é necessário que haja em cada equipe pelo menos uma ou duas pessoas com uma formação litúrgica básica.*

2) *Não se preocupem somente com os textos e os cantos. Preocupem-se também com os gestos, os símbolos e sinais: coisas para se ouvir, ver e fazer.*

FINALIZANDO...

Advento e Natal. Tempos muito oportunos para se estreitarem os laços entre as pessoas da comunidade e da paróquia. Laços humanos e laços de fé. As equipes de liturgia têm papel muito importante a desempenhar.

Nas cidades, no mês de dezembro, é difícil reunir as pessoas: muitas são obrigadas a fazer hora extra no serviço, principalmente no comércio. É preciso pensar nisso na hora de repartir as tarefas.

Além disso, muitas equipes de liturgia se tornaram "escravas" dos folhetos litúrgicos. O folheto é mais que lei para elas. Será por medo de errar? Será por comodismo? Vamos lembrar que nenhum folheto, por melhor que seja, pode ser usado sem adaptações à realidade local. Uma celebração que se reduza à leitura de um folheto jamais poderá se tornar uma "festa de comunhão eclesial", como pede o documento de Puebla. Cada celebração precisa ser pensada pela equipe a partir de três pontos:

- os textos litúrgicos (que encontramos no Missal, no Lecionário, no *Ofício Divino das Comunidades*, no *Dia do Senhor*);

- a realidade vivida pelo povo;

- a criatividade da equipe em fazer o povo todo participar da celebração, levando em conta também as práticas religiosas populares.

Vamos nos lembrar ainda que o evangelho do Natal nos convida a fazermos uma revisão do lugar onde celebramos esta grande festa. Jesus nasceu em Belém, fora da cidade, numa estrebaria. Os anjos convidaram pastores pobres para irem visitá-lo. Pastores eram considerados impuros pela Lei, porque mexiam com esterco... Não será isso um convite para que celebremos com os mais pobres, com os mais afastados e excluídos? Mas onde isto (ainda) não for possível, vamos pelo menos assegurar ao povo pobre e trabalhador o espaço físico, cultural e celebrativo a que tem direito dentro da matriz ou da igreja do bairro.

Não nos esqueçamos também dos doentes, dos presos, dos idosos nos asilos, das crianças e dos adolescentes que moram nas ruas das grandes cidades. Como será o Natal deles? Mas cuidado com o paternalismo que faz dos pobres um simples "objeto" de nossa ação: eles também têm direito a uma participação ativa dentro da celebração e dentro da comunidade.

Que o Menino de Belém derrame em nosso coração a sua alegria e nos faça mensageiros de seu evangelho! (Cf. Bênção para o Natal do Senhor, *Missal Romano*.)